Madrid

- Besonders Interessantes ist mit ☞ gekennzeichnet
- Praktische Informationen von A – Z finden Sie ab Seite 102
- Übersichtskarten zum Ausklappen erleichtern Ihnen Ihre Reiseplanung.

Berlitz Publishing Company, Inc.

Princeton   Mexico City   Dublin   Eschborn   Singapur

Copyright © **1998**, 1995 Berlitz Publishing Co., Inc.
400 Alexander Park, Princeton, NJ 08540, USA
9–13 Grosvenor St., London, W1A 3BZ UK

Alle Rechte vorbehalten, insbesondere das Recht der Vervielfältigung, Verbreitung und der Übersetzung. Ohne schriftliche Genehmigung des Verlags ist es nicht gestattet, den Inhalt dieses Werks oder Teile daraus auf elektronischem oder mechanischem Wege (Fotokopie, Mikrofilm, Ton- und Bildaufzeichnung, Speicherung auf Datenträger oder andere Verfahren) zu reproduzieren, zu vervielfältigen oder zu verbreiten.

Berlitz ist ein beim US Patent Office und in anderen Ländern eingetragenes Warenzeichen - Marca Registrada.

Text:	Ken Bernstein
Deutsche Fassung:	Helga von Tobel
Fotos:	Dany Gignoux
Umschlagfoto:	© 1991 Vladimir Pcholkin/FPG International
Gestaltung:	Media Content Marketing Inc.
Kartographie:	Falk-Verlag, München

Wir danken Jennifer McDonald, M.Jaun Manuel Alvarez Gallo und dem Spanischen Fremdenverkehrsamt für ihre Hilfe bei der Vorbereitung dieses Reiseführers.

Alle Informationen in diesem Reiseführer sind sorgfältig recherchiert und überprüft worden, erfolgen aber ohne Gewähr. Der Verlag kann für Tatsachen, Preise, Adressen und allgemeine Angaben, die fast ständig von Änderungen betroffen sind, keine Verantwortung übernehmen. Für Berichtigungen, Hinweise und Ergänzungen ist die Redaktion dankbar.

ISBN 2-8315-6517-0

Neubearbeitet 1998 – Neudruck März 1998

Printed in Switzerland by Weber SA, Bienne
019/803 REV

INHALT

Madrid und die Madrilenen	7
Geschichte	12
Sehenswertes	24

Alt-Madrid 24
Zentrum von Madrid 23
Museen und andere Sehenswürdigkeiten 39
Ausflüge 50
  Toledo 50
  Segovia 61
  Avila 67
  El Escorial 72
  Valle de los Caídos 75
  Aranjuez und Chinchón 76
  Drei weitere Schlösser 79

Was unternehmen wir heute? 78

Einkaufsbummel 78
Nachtleben, Kulturelle Veranstaltungen 85
   Stierkampf 84
   Flamenco 86
   Fiestas 89
Sport 88

Essen und Trinken 90

Register 100

Praktische Hinweise 104

Hotels und Restaurants 129

Karten

Madrid 28-29
Madrid und Umgebung 51
Toledo 54
Segovia 63
Avila 69

MADRID

MADRID UND DIE MADRILENEN

In Madrid wimmelt es von Cafés und Restaurants, Theatern und Nachtlokalen. Hier ist die Metropole des Stierkampfs. Die Geschäfte sind ebenso elegant wie die in anderen europäischen Metropolen. Doch sparen Sie Kräfte für die Entdeckung von Kunst und Kultur, angefangen im Prado und dem Königlichen Palast. Machen Sie auch ein paar Ausflüge zu den uralten kleinen Städten rund um Madrid, die mit architektonischen Kostbarkeiten aus vielen Epochen einen ganz besonderen Charme ausstrahlen.

Wie Brasilia, Washington und andere »künstlich« geschaffene Städte wurde Madrid aus politischen Erwägungen zur Hauptstadt gemacht. Philipp II. verlegte 1561 – zu einer Zeit also, als sein Reich sich noch immer ausdehnte – den Hof endgültig von Toledo nach Madrid. Seither hat die Stadt nicht zu wachsen aufgehört. Nach letzten Angaben zählt sie heute fast 4 Millionen Einwohner und umfaßt eine Fläche von 531 km².

Madrid war zwar immer Beamtenstadt, doch hat dieser Machtpol auch Gewerbe und Industrie angezogen. Der heutige Bewohner, der *Madrileño*, kann unter anderem in einem Industriebetrieb, bei einer Versicherungsgesellschaft oder in einem Hotel arbeiten. Bei so vielen beruflichen Möglichkeiten muß die Hauptstadt im Herzen des Landes wie ein Magnet wirken. Der junge Mann, den Sie nach dem Wege fragen, mag also selbst fremd hier sein und beispielsweise aus Murcia kommen oder aus Valladolid.

Fürchten Sie aber nicht, sich zu verlaufen. Vor jedem Metro-Eingang (U-Bahn) hängt ein riesengroßer Stadtplan. Tafeln an den Bushaltestellen geben die Stationen in beiden Richtungen an. Die Straßen sind gut beschildert, oft mit attraktiv bemalten Kacheln. Und wenn ein Schild an einem Geschäft, das Regenschirme verkauft, für

Madrid

den folgenden Tag Regen ankündigt, seien Sie nicht zu überrascht, wenn Sie auch am folgenden Tag wieder strahlenden Sonnenschein erleben. »Morgen« kann in Spanien auch »in baldiger Zukunft« bedeuten. Die Straßen werden allerdings regelmäßig mit Riesenschläuchen gesprengt.

> **Der Fahrpreis für die U-Bahn ist immer gleich, egal wie weit Sie fahren.**

Frühmorgens, bevor das Verkehrsgetöse beginnt, hört sich Madrid altmodisch und freundlich an. Kanarienvögel zwitschern in ihren Käfigen. Mit laut brodelndem Zischen der Espressomaschine wird in einer Bar die Milch für den Kaffee erhitzt. Die Madrilenen, Europas »Kurzschläfer«, gehen zur Arbeit, nach spätem Zapfenstreich und nur 6 Stunden Nachtruhe. Wenn die Madrilenen *gatos* (Katzen) genannt werden, so ist die Ursache dafür jedoch nicht ihr Ruf, Nachtmenschen zu sein. Historiker behaupten vielmehr, der Spitzname stamme schon aus dem 11. Jh., als Krieger aus Madrid die Mauern einer feindlichen Festung so behend wie Katzen erklommen.

Madrid und die Madrileños neigen zu Extremen. Das mag mit dem Klima zusammenhängen; denn entweder ist es hier zu kalt oder zu heiß (jeden Juli flüchtet etwa ein Drittel der Bevölkerung in den Norden). Die enormen Kontraste finden sich auch im Gesamtbild: Urplötzlich endet die Großstadt in der Ebene; dünner besiedelte Vororte gibt es fast keine.

Eine Madrileña in der Menge auf dem Flohmarkt.

Die Madrilenen können ausgelassen fröhlich sein und wenig später todtraurig. Sie hören die Messe – und sehen sich auch einen Striptease an. Sie sind überaus zuvorkommend, können aber auch äußerst rücksichtslos sein: in der Metro etwa, wo die Türen nach 10 Sekunden automatisch schließen und man als zivilisierter Mensch oft das Nachsehen hat – und draußen bleibt. Sie mögen über die hohen Preise schimpfen, aber für jeden Bettler haben sie doch etwas übrig. Sie mögen stöhnen über die Hast unserer Zeit, aber immer gelingt es ihnen, bei einem Kaffee unter Freunden eine Stunde zu verschwatzen, über Literatur oder Fußball zu diskutieren.

Rückfront eines Hauses in Madrid: Ohne Graffiti wär's nur ein Stück von gestern.

Beobachten Sie die Madrileños, wenn sie nach Büroschluß die breiten Alleen und die Straßencafés überschwemmen und ihren *paseo* machen. Elegant gekleidete Geschäftsleute in Begleitung gepflegter Damen jeden Alters – und die Kinder stets im Schlepptau. Zwar ist Spaniens Geburtenrate gefallen, doch was an Sprößlingen da ist, wird fast überallhin mitgenommen.

Freuen Sie sich in Madrid an allem, was es an Interessantem und Schönem gibt: an den lebensfrohen Menschen, der Geschichte des Landes, den vielfältigen Bauten, den religiösen Traditionen, der außerordentlich reichen Kultur oder der aus-

Wo sie auch immer auftaucht – eine Gruppe von Troubadoren, eine tuna, sorgt für Stimmung.

gezeichneten spanischen Küche, die sich besonders in Madrid in der ganzen regionalen Vielfältigkeit des Landes zeigt. Wollten Sie alle Museen besuchen, hätten Sie während eines Urlaubes bereits mehr als genug zu tun.

Machen Sie aber auf jeden Fall auch ein paar interessante Tagesausflüge. Fahren Sie unbedingt nach Toledo, der früheren Hauptstadt, wo El Greco noch allgegenwärtig ist und Bauwerke aus vielen Epochen Zeugnis von Spaniens wechselvoller Geschichte abgeben. Vergessen Sie Segovia nicht, königliche Feste mit märchenhafter Burg und römischem Aquädukt. Sehen Sie sich Avila mit seiner mittelalterlichen Ringmauer an, die Stadt der hl. Teresa. In der Nähe von Madrid sollten Sie unbedingt den Escorial besuchen, den im Auftrag Philipps II. erbauten Klosterpalast. Auf dem Wege dorthin kommen Sie am Valle de los Caídos (Tal der Gefallenen) vorbei, dem Mahnmal für die Toten des spanischen Bürgerkrieges (1936–39).

Durch seine zentrale Lage ist Madrid auch der ideale Ausgangspunkt für Entdeckungsreisen in die Umgebung. Madrid – Herz und Seele Spaniens.

GESCHICHTE

Wann Madrid entstanden ist, bleibt ungewiß. Bis es 1561 zur Hauptstadt erklärt wird, ist es geschichtlich unbedeutend.

Im Manzanarestal in der Nähe Madrids wurden Funde aus der Stein- und der Bronzezeit gemacht. Schon die Urbevölkerung schien die Gegend also wegen der guten Luft und des vorhandenen Wassers zu schätzen.

Betrachtet man das geschichtliche Gesamtbild, so bleibt Madrid jedoch viele Jahrhunderte lang, die für das Entstehen eines spanischen Volkes von entscheidender Wichtigkeit sind, fast völlig bedeutungslos. Die Römer hinterlassen zahlreiche großartige Bauwerke auf der Iberischen Halbinsel, doch keines davon in Madrid. Die Hauptstadt des Westgotenreiches wird Toledo. 711 landen die Mauren in Gibraltar, und innerhalb von 10 Jahren weht das Halbmondbanner über fast der ganzen Halbinsel.

Die kleine Siedlung auf der Kastilischen Hochebene unweit des Guadarramagebirges wird im 10. Jh. erstmals in Chroniken genannt. Der Name ist nicht genau überliefert: Majerit oder Madschrît heißt der Flecken, aus dem später Madrid werden soll. Der Ort wird erwähnt, weil er, dank seiner Nähe zur Hauptverteidigungslinie der Mauren gegen die christliche Wiedereroberung, von militärischer Bedeutung ist. Da das Ringen Jahrhunderte dauern sollte, haben die Mauren Zeit, über dem Manzanarestal, an der Stelle, an der heute der Königliche Palast steht, eine richtige Festung zu bauen, einen *alcázar*.

Während dieser Jahrhunderte wird der nach Süden drängende kreuzfahrerische Geist der *reconquista* immer stärker. Nach einer Rückeroberung durch die Christen im Jahre 932, der wiederum eine maurische Einnahme des Ortes folgt, kommt Madrid 1083 unter Alfons VI. (von Léon) in Christenhand, und

Madrid

der Alcázar wird Festung der kastilischen Krone. Als bei nochmaligem Ansturm die Araber die Stadt erobern, hält der Alcázar stand, bis die Mauren endgültig vertrieben werden. Der Süden Spaniens soll jedoch erst im Laufe von 400 Jahren rückerobert werden.

Vorübergehend gelangt Madrid zu einer gewissen Bedeutung, als Ferdinand IV. (König von Kastilien und León) 1308 die Cortes – Vorläufer des heutigen Parlaments Spaniens – nach Madrid einberuft. Von da an wird Madrid von den spanischen Königen des öfteren besucht; man schätzt das Klima und die Jagd.

Ferdinand und Isabella, das »Katholische Königspaar«, das durch Heirat, Krieg und Eroberungen ganz Spanien unter seiner Herrschaft vereinigt, besucht Madrid erstmals im Jahre 1477. Sie schätzen die Loyalität der Stadt zur Krone, doch man ist mit Toledo zufrieden.

Mehr als ein Denkmal: Segovias römischer Aquädukt wird auch heute noch benutzt.

Geschichte

Das Goldene Zeitalter

Während der Regierungszeit Ferdinands und Isabellas steht Spanien an einer Zeitwende. Im Jahre 1492 werden die Araber endgültig besiegt, wird die Neue Welt entdeckt. Spanien steht an der Schwelle zum »Goldenen Zeitalter«, das ihm ein Jahrhundert lang in Wirtschaft und Politik die Vorherrschaft bringt und in Kunst und Literatur die großartigsten Werke beschert.

Während das »Katholische Königspaar« die Verkörperung der *Hispanidad*, des spanischen Wesens, darstellt, ist sein Enkel, der 1516 als Karl I. von Spanien den Thron besteigt, denkbar unspanisch. Karl wird 1500 in Flandern geboren und dort erzogen; er spricht kaum Spanisch und umgibt sich mit österreichischen und flämischen Höflingen. 1519 wird er – der erste Habsburger auf spanischem Thron – als Karl V. zum Kaiser des Heiligen Römischen Reiches gewählt. So ist er oft gezwungen, seine spanischen Residenzen in Toledo, Segovia, Valladolid und Madrid längere Zeit zu verlassen. Während er 1520 in deutschen Landen ist, bricht in 15 Städten, darunter Madrid, die Revolte der *comuneros* aus. In Madrid besetzen die Rebellen den Alcázar, der damals schon als königlicher Palast dient. Der Aufstand wird rasch niedergeschlagen. Karl V. aber lernt daraus: von nun an werden Spanier nicht mehr übergangen.

Madrid wird Hauptstadt

1556 dankt Karl V. auch in Spanien zugunsten seines Sohnes Philipps II. ab, der Madrid im Jahre 1561 zur Hauptstadt erklärt und damit einen bedeutungslosen kleinen Ort von 15 000 Seelen zum Zentrum des größten Imperiums der damaligen Zeit macht. Für Madrid beginnt Wachstum und Aufstieg, für Spanien dagegen ein stetiger Niedergang. Während Philipp II. 1571 in der Seeschlacht von Lepanto noch einen Sieg verbucht (die vereinten spanischen und venezianischen Flotten schlagen

Madrid

die Türken vernichtend), muß er nur 17 Jahre später eine demütigende Niederlage erleben: die kleine englische Seemacht unter Sir Francis Drake vernichtet die »unbesiegbare« spanische Armada. Sich selbst ein Denkmal gesetzt hat Philipp II. mit dem Escorial, dem gewaltigen Kloster und Palast im Nordwesten von Madrid.

Philipp III., Sohn Philipps II., verlegt den Hof vorübergehend nach Valladolid, kehrt aber zurück, als Madrid ihm eine erhebliche Summe zahlt. Er läßt in Madrid die Plaza Mayor, den prächtigen »Großen Platz« im Herzen der Altstadt, anlegen. Unweit davon entstehen im 17. Jh. das Außenministerium und das Rathaus (Ayuntamiento) mit drei Türmen.

Mit dem Tode Karls II. im Jahre 1700 erlischt die Linie der Habsburger auf dem spanischen Thron. Der daraufhin entbrennende Spanische Erbfolgekrieg endet erst 1712 zugunsten Philipps V. aus dem Hause Bourbon. Als 1734 der Alcázar abbrennt, befiehlt Philipp V. den Bau eines größeren und schöneren Schlosses im französischen Stil; es entsteht der heutige Königliche Palast (Palacio Real).

Dichterehrung: Cervantes' Helden Don Quixote und Sancho Pansa auf der Plaza de España.

Dem Reformgeist Karls III. (1759–88) verdankt Madrid viel: Er läßt die Straßen pflastern, beleuchten und täglich sprengen, sorgt für eine saubere Müllabfuhr, läßt Brunnen, Promenaden und Gärten anlegen und den Bau des Pradomuseums beginnen.

Sein Sohn Karl IV. ist uns durch Goya im Bild überliefert: ein gutmütiger, aber schwacher Monarch. Seine Regierungszeit endet 1808 mit Abdankung, Gefangenschaft und Krieg.

Spaniens Gloria erstrahlt heute vornehmlich bei Paraden.

Napoleon marschiert in Spanien ein und macht seinen ältesten Bruder als Joseph I. zum König. Am 2. Mai 1808 erhebt sich in Madrid die Bevölkerung. Der nun in ganz Spanien entflammende Aufstand, der sich zum Unabhängigkeitskrieg ausweitet, ist mörderisch und dauert bis 1814. Mit Hilfe der Engländer unter dem Herzog von Wellington können die Spanier die Franzosen schließlich vertreiben. In Madrid ließ Joseph Bonaparte viele Plätze *(plazas)* bauen, so daß er den Spitznamen *El Rey Plazuelas*, »König Platz«, erhielt. Ein gar so

Dichter und Soldat

MIGUEL DE CERVANTES SAAVEDRA nimmt an der Seeschlacht von Lepanto (1571) teil, wird verwundet und gefangengengenommen, flieht, gerät in Gefangenschaft und wird losgekauft. Nach der Rückkehr nach Spanien ist er Heereszahlmeister; doch zwei Mißgeschicke bringen ihm Kerkerstrafen ein. Mit 58 Jahren schreibt er den Roman *Don Quijote*, der heute zur Weltliteratur zählt. Cervantes stirbt am 23. April 1616 in seinem Haus in der Calle del León in Madrid.

schlechter Souverän wäre er sicher nicht geworden, doch das Volk lehnte den ihm aufgezwungenen Herrscher ab.

Der Niedergang

Karls Sohn Ferdinand VII. (1814–33) und dessen Tochter Isabella II. (1833–68) halten an bedingungsloser Souveränität fest und verfolgen jede liberale Idee. Das 19. Jh. ist in Spanien durch Machtkämpfe gekennzeichnet, durch eine Revolution, einen 10jährigen Krieg in der spanischen Besitzung Kuba sowie den Spanisch-Amerikanischen Krieg, bei dem Spanien 1898 Kuba, Puerto Rico und die Philippinen verliert. Damit hat das spanische Imperium des Goldenen Zeitalters wesentlich an politischer und wirtschaftlicher Bedeutung abgenommen. In Madrid kann Alfons XIII. 1902 die Metro (U-Bahn) und die Universitätsstadt (Ciudad Universitaria) einweihen. Soziale und politische Unruhen im Land machen sowohl eine konstitutionelle wie eine diktatorische Regierungsform unmöglich; nach den Kommunalwahlen von 1931, die zugunsten einer Republik ausfallen, geht Alfons XIII. ins Exil.

Der Bürgerkrieg

Die Zweite Republik ist durch ideologische und politische Machtkämpfe gekennzeichnet, an denen die Kirche nicht unbeteiligt bleibt. Nach Neuwahlen 1936 erhebt sich ein großer Teil der Armee unter General Franco (gegen die Regierung), wobei Franco von Monarchisten, Konservativen, der Kirche und den extrem rechts stehenden Falangisten unterstützt wird. Seine Gegner setzen sich aus Republikanern, Liberalen, Sozialisten, Kommunisten und Anarchisten zusammen.

Der Bürgerkrieg wächst sich zu einem der größten Ringen des 20. Jh. aus, bei dem beide Parteien Hilfe aus dem Ausland erhalten. Der Bürgerkrieg wurde häufig als Auseinandersetzung zwischen Demokratie und Diktatur angesehen oder (auf faschistischer Seite) zwischen sozialistischer Revolution und Chaos auf der einen und Recht und Ordnung (nach faschistischen Prinzipien) auf der anderen Seite; dabei wurden jedoch die spezifisch spanischen Hintergründe des Kampfes fast gänzlich übersehen. Das dreijährige Blutvergießen kostet Hunderttausende von Menschenleben. Madrid, in den Händen der Republikaner, wird von 1936 bis 1939 von den Nationalen belagert.

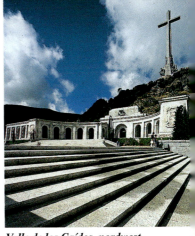

Valle de los Caídos, nordwestlich von Madrid, steht als Mahnmal des Bürgerkrieges.

Auch nach Ende des Bürgerkrieges dauern die Leidenszeiten des Volkes an: internationale Blockade, Mangel an Nahrungsmitteln und Grundstoffen – Armut. Unter der rigorosen Führung des faschistischen *Caudillo* Franco erholt sich das Land allmählich; 1955 tritt es in die UNO ein und öffnet seine Tore dem Massentourismus, der nicht nur tiefgreifende Veränderungen in der Wirtschaft des Landes nach sich zieht, sondern auch in der Mentalität und der – bisher durch Franco eingeschränkten – Weltoffenheit der Menschen bedeutende Veränderungen hervorruft.

1969 ernennt Franco Prinz Juan Carlos de Borbón, einen Enkel von Alfonso XIII., zu seinem Nachfolger, der 1975, nach Francos Tod, den Thron besteigt. Zum Entsetzen der alten Franco-Anhänger wählt der beliebte junge Monarch die Demokratie als Regierungsform. Nach langer Isolation findet Spanien wieder den Anschluß an die übrigen Staaten Westeuropas. 1986 tritt es in die Europäische Gemeinschaft ein.

SEHENSWERTES

Madrid hat so viele Gesichter, daß die Spanier jahrhundertelang im Plural von der Stadt sprachen: *Los Madriles* nannten sie sie.

Angesichts der Fülle von Sehenswürdigkeiten sollten Sie bei Ihren Unternehmen nach einen bestimmten Plan vorgehen. Als erste Orientierungshilfe ist eine der geführten Halbtagsrundfahrten zu empfehlen. Haben Sie dann einen Überblick erhalten, können Sie auf eigene Faust Kunstschätze entdecken, der Geschichte nachspüren oder einen Einkaufsbummel machen.

Was Sie auch immer unternehmen wollen, fangen Sie zu Fuß mit Madrids ältestem Stadtteil an.

ALT-MADRID

Über den engen Straßen, die sich von der Calle Mayor (Hauptstraße) nach Süden schlängeln, liegt auch heute noch etwas von

Alt-Madrid besteht aus einem Gewirr enger Gassen mit teilweise klassizistischen Gebäuden und Plätzen, die ans Mittelalter erinnern.

Sehenswertes

der Stimmung längst vergangener Jahrhunderte. In spärlich beleuchteten kleinen Läden wird angeboten, was es immer dort gab: Trödel jeglicher Art, Devotionalien, Bücher, Käse, Fisch und Wurst. Holzschnitzer sehen Sie bei ihrer Arbeit. Die alte Frau mit dem Säugling bettelt hartnäckig um ein Geldstück. Vor einer Gaststätte hängt der Kellner die handgeschriebene Speisekarte auf. Der Gemüsehändler nebenan baut kunstvoll eine Tomatenpyramide. Ein blinder Losverkäufer der staatlichen Lotterie mit weißem Stock bittet um Aufmerksamkeit und schnurrt ein Verslein über baldigen Reichtum.

Der »Lotterie-Wahnsinn« konzentriert sich auf die **Puerta del Sol** (Sonnentor), Madrids belebtesten Platz. Die Spanier, begeisterte Wettspieler, die sie sind, verfolgen die Resultate im Fernsehen und kaufen sich dann eine Zeitung, um sich noch genauer zu informieren. In dieser Gegend gibt es auch Spielsalons, die als *salones recreativos* bekannt sind.

Das »Sonnentor«, nach dem der Platz seinen Namen hat, gehörte zur alten Stadtmauer und wurde 1570 abgerissen. Von ihm aus ging man der aufgehenden Sonne entgegen. Jahrhundertelang war dieser Platz das Lebenszentrum Madrids. Alle Autostraßen werden von der Puerta del Sol, vom »Kilometerstein 0« aus vermessen.

Das klassizistische Gebäude an der Südseite des Platzes ist der Hauptsitz der autonomen Gemeindeverwaltung von Madrid. Nach altem Brauch strömen hier in der Silvesternacht Tausende von Madrileños zusammen: Während die Turmuhr des Gebäudes Mitternacht schlägt, ver-

sucht ein jeder, zwölf Weintrauben zu schlucken. Dann bricht ein Höllenlärm los ...

An der Nordseite des Platzes, am Anfang der Calle del Carmen, ist das Madrider Stadtwappen in einem Standbild dargestellt: Ein Bär steht aufrecht an einem *madroño* (Arbutus oder Erdbeerbaum). Dieses Leckermaul von Bär sehen Sie überall in Madrid, selbst an den Taxitüren.

Nicht weit von der Puerta del Sol liegt die **Plaza Mayor** (Großer Platz), eine kühne, aber ausgewogene Symphonie in Stein. Arkadenhäuser im Renaissancestil umgeben ein gepflastertes Rechteck von etwa 100 x 200 m. Der Platz entstand zu Beginn des 17. Jh. im Stil des Escorial – streng symmetrisch, die Häuser mit Schieferdächern und schlanken Türmen. Zugang zur Plaza Mayor geben neun Torbögen; für den motorisierten Verkehr ist der Platz zum Glück gesperrt. Noch in jüngerer Zeit fanden hier Schauspiele, Stierkämpfe und sogar Hinrichtungen statt. Bei solchen Gelegenheiten pflegten die Bewohner der anliegenden Häuser die Plätze auf den über 400 Balkonen zu vermieten. Die Plaza Mayor

> ### Spanische Dramatiker
> Die Fruchtbarkeit der drei größten spanischen Dramatiker des Goldenen Zeitalters kann sich jederzeit mit anderen Dichtern der Zeit messen.
> **Lope de Vega** (1562–1635) ersann eine neue Form für seine Theaterstücke, den Dreiakter. Er schrieb ungefähr 1500 Komödien, von denen etwa 470 erhalten sind.
> **Tirso de Molina** (1571[?]–1648) verfaßte mehr als 300 Dramen, darunter das erste Bühnenwerk über den größten aller Verführer, Don Juan.
> **Pedro Calderón de la Barca** (1600–1681) soll mehr als 100 Dramen, Komödien und gleichnishafte religiöse Stücke geschaffen haben.
> Alle drei lebten – zumindest zeitweise – in Madrid und hatten ein bewegtes Leben: Lope de Vega kämpfte in der Armada; Tirso de Molina wirkte als Mönch auf Santo Domingo; Calderón diente als Kavallerist und wurde später Priester.

wurde im Auftrag von König Philipp III. gebaut. Eine Statue dieses Königs nimmt deshalb hier einen Ehrenplatz ein, ohne jedoch ein Hindernis für die vielen auf der Plaza stattfindenden Veranstaltungen zu sein: Die Stadtverwaltung organisiert von Zeit zu Zeit Serenaden, Theaterfestivals und sogar Popkonzerte. Setzen Sie sich in eines der vielen Cafés, vielleicht bei der Casa de la Panadería, auf deren Balkon schon Philipp III. saß, und freuen Sie sich an der ruhigen Harmonie der Architektur.

Gehen Sie die Calle Mayor weiter in Richtung Westen, so kommen Sie zur Plaza de la Villa mit dem Rathaus und stattlichen Häusern aus dem 16. und 17. Jh. An der Casa y Torre de los Lujanes (Haus und Turm der Lujanes), spätgotischen Bauten aus dem 16. Jh., fällt das prächtige Portal auf. Die **Casa de Cisneros**, in der Mitte des 16. Jh. von einem Neffen des vielseitigen Staatsmannes und Großinquisitors Kardinal Cisneros erbaut, zeigt den ornamentreichen sogenannten Platereskenstil (Silberschmiedstil). Das **Ayuntamiento** mit seinen schiefergedeckten Türmen ist, wie alle andern Staatsbauten des 17. Jh. in Madrid, Zeuge der Habsburger Ära.

Auf der Plaza Mayor wird die Architektur des 17. Jh. bewahrt.

Beim Besuch einer Kirche sollten kurze Hosen, rückenfreie Kleider u. ä. vermieden werden.

Eine junge Madrileña hüpft durch die Straßen von Alt-Madrid.

Der Cybele-Springbrunnen in Abendbeleuchtung.

Madrid hat mehr als 200 Kirchen, aber nur einige wenige sind für Touristen wirklich sehenswert. Die Stadt ist zu jung, um eine große mittelalterliche Kathedrale zu besitzen. Als provisorische Kathedrale diente eine Zeitlang die in der Calle de Toledo liegende **San Isidro** Kirche. Sie hat eine riesige Kuppel, ein einziges Schiff, und in ihrem großen Reliquienschatz befinden sich auch die Gebeine des hl. Isidor, des Schutzpatrons von Madrid. Die erst kürzlich fertiggestellte **Nuestra Señora de la Almudena** ist heute die offizielle Kathedrale der Stadt.

Gehen Sie von der Kathedrale weiter die Calle de Tole-

do hinunter, so kommen Sie zum **Rastro,** Madrids berühmtem Flohmarkt, auf dem es jeden Sonntagvormittag von Kauflustigen wimmelt (siehe S. 22). Auf Ihrem Weg zum Rastro sollten Sie an der Plaza de la Paja noch die **Capilla del Obispo,** die Bischofskapelle, mit ihrem wunderschönen Renaissance-Altar besuchen.

Ein imposanter Bau aus der Mitte des 18. Jh. ist die **Basílica de San Francisco el Grande** (hl. Franz von Assisi). Die oval geschwungene Fassade verleiht diesem Spätbarockbau trotz aller Wucht eine gewisse Anmut. Die Kuppel (mit einem inneren Durchmesser von 33 m) ist sogar größer als die des Invalidendoms in Paris und die der Londoner St.-Pauls-Kathedrale. Überlebensgroße Apostelfiguren aus weißem Carrara-Marmor umstehen die Rotunde, die von sieben reichgeschmückten Kapellen bekränzt wird. Beachten Sie in der ersten Kapelle links das große Altarbild von Goya. Es stellt den hl. Bernhardin von Siena, dem die Kapelle geweiht ist, beim Predigen dar, und die in Gelb gekleidete zweite Figur von rechts soll ein Selbstbildnis Goyas sein.

Eine andere Sehenswürdigkeit des alten Madrid ist das Hospital de San Carlos (Calle de Santa Isabel, 52), das heute das **Centro de Arte Reina Sofía** beherbergt (siehe S. 43).

ZENTRUM VON MADRID

Sieht man einmal vom Riesenverkehr ab, so ist die **Plaza de la Cibeles** ein sehr schöner Platz. Der Brunnen in der Mitte gehört zu den Wahrzeichen Madrids. Er wird von einer großen Marmorgruppe gekrönt: dem von zwei Löwen gezogenen Wagen der Fruchtbarkeitsgöttin Kybele.

Das pompöse Bauwerk an der Nordostecke des Platzes ist das 1919 in Betrieb genommene Hauptpostgebäude. Innen mutet es mit seinen hohen Decken und Galerien wie ein Gefängnis an; aber es ist dennoch eine Besichtigung wert. Die Madrider nennen es spöttisch *Nuestra Señora de las Comunicaciones*: Unsere Liebe Frau von der Post.

Szenen auf dem Rastro, Madrids größtem Flohmarkt: Ein Lottoscheinverkäufer erwartet das Weihnachtsgeschäft; ein Vogel muß vor dem Kauf natürlich genau inspiziert werden (unten); auf dem Rastro wird fast alles feilgeboten.

Sehenswertes

Schräg gegenüber, hinter einem schönen alten Gitter aus Schmiedeeisen, liegt in einem Park voller Nymphenfiguren das Hauptquartier der Armee. Der große, palastartige Bau entstand 1782 für die Herzogin von Alba.

Auf der anderen Seite der **Calle de Alcalá** befindet sich der Hauptsitz der Bank von Spanien. Das Gebäude entstand Ende des letzten Jahrhunderts, vereint klassizistische und barocke Bauelemente, sowie etwas Rokoko, und sieht so zuverlässig aus, wie Banken auszusehen pflegen. Madrids »Wall Street« beginnt in der **Calle de Alcalá**. Hier stehen repräsentative Bauten, und hier haben über 100 Banken und Versicherungsgesellschaften ihren Hauptsitz oder eine Filiale. Hier ist auch das Finanzministerium beheimatet und, nahebei auf der Plaza de Lealtad, die **Bolsa de Comercio** (Börse). Vor deren säulenumrahmtem Portal kann man Losverkäu-

---

Sonntag in Madrid

Es gibt Städte, in denen es am Sonntag äußerst ruhig zugeht. Madrid gehört nicht dazu.

Der Rastro. Am Sonntagvormittag verwandeln sich die Straßen der Altstadt – und das fängt schon südlich von San Isidro an – in den größten Flohmarkt der Welt. Tausende von Kauflustigen feilschen dann hier um Antiquitäten – echte oder nicht ganz so echte –, um Kleidungsstücke, Töpfe und Pfannen, um Altwaren und Trödel jeglicher Art.

Die Briefmarkenbörse. Auf dem Plaza Mayor strömen am Vormittag Hunderte von Markensammlern zusammen. Da werden Briefmarken gekauft und verkauft, ferner Münzen, Banknoten und Zigarren-Bauchbinden – ja sogar alte Lotterielose. Und mit welcher Andacht, mit welchem Eifer ist man dabei, werden Pinzette und Lupe benutzt!

Die Buchmesse. In der Nähe des Botanischen Gartens drängen sich die Bücherfreunde um die Stände in der Calle de Claudio Moyano. Hier werden neue und alte Bücher gekauft und verkauft. Alles gibt es hier: Schund, Krimis und Abenteuerromane, und daneben wertvolle alte Bände.

Eine Oase mitten in der Stadt: Springbrunnen von Bäumen umsäumt auf der Plaza de España.

ferinnen beobachten, die geschäftigen Industriekapitänen ein zusätzliches kleines Glücksspiel anbieten …

Glücklicherweise ist die Calle de Alcalá nicht nur dem schnöden Mammon geweiht. Gleich neben dem Finanzministerium steht das **Museo de la Real Academia de Bellas Artes de San Fernando** (Königliche Akademie der Schönen Künste). Die Akademie besitzt mehrere berühmte Gemälde von Goya, darunter auch das lebendige und humorvolle *Begräbnis der Sardine* und ein großartiges Selbstbildnis des Künstlers.

Auch Velázquez, Murillo, Magnasco und Rubens sind unter den Hunderten von ausgestellten Werken vertreten. Außerdem besitzt das Museum eine Sammlung von Bildern Zurbaráns, die sich mit der im Prado messen kann. Ein besonders typisches Werk des in strengem Stil malenden Meisters ist *Die Erscheinung des hl. Alonso Rodriguez*.

Gehen wir nun zur **Gran Vía** (Hauptstraße) zurück, der Ost-West-Achse und Hauptgeschäftsstraße des modernen Madrid. Sie wird gesäumt von Hotels, Geschäften, Theatern, Nachtlokalen und Cafés – und ist so richtig für einen Einkaufs- und Schaufensterbummel gemacht. Wem dichtes Verkehrsgedränge eine Freude ist, der wird zu den Stoßzeiten in der Gran Vía auf seine Kosten kommen. Da stehen Polizistinnen, gestikulieren wild und trillern mit der Pfeife, um den stockenden Verkehr wie-

Sehenswertes

der in Fluß zu bringen. Automobilisten lassen solidarisch ein Hupkonzert los und tragen das Ihre zum Höllenlärm bei. Das Schöne daran: Dank der langen Mittagspause bietet Madrid diesen Stoßverkehr *viermal* am Tag!

An der **Plaza del Callao** (nach Perus größtem Hafen benannt) erreicht der Fußgängerstrom seine größte Dichte. Hier sind Warenhäuser, Kinos, Cafés und Bushaltestellen konzentriert. Doch nur ein paar Straßenzüge gen Süden atmet das **Convento de las Descalzas**

> Schilder:
> *entrada* – Eingang
> *salida* – Ausgang

Reales (Kloster der Königlichen Barfüßerinnen) wohltuende Ruhe. Dieses Klarissenkloster wurde Mitte des 16. Jh. von Juana de Austria, der jüngsten Tochter Kaiser Karls V., gegründet und erhielt von fürstlichen Spendern großzügige Gaben. Seit 1961 ist es staatliches Museum und der Öffentlichkeit teilweise zugänglich. (Die noch heute hier in der Klausur lebenden Klarissen bleiben während der Öffnungszeiten für Besucher unsichtbar.) Einen ersten grandiosen Eindruck gibt das großartige Treppenhaus. Holzgetäfelte Decken und Kunstwerke verschiedener Art ziehen im ersten Stock den Blick an. Die Attraktion eines Saales sind zwölf Wandteppiche aus dem 17. Jh. nach Vorlagen von Rubens. Ferner sind großartige Gemälde von Tizian, Brueghel d. Ä., Zurbarán und Sanchez Coello zu sehen. Der Schatz der Klosterkirche ist reich an Reliquien und Kleinodien.

Von der Plaza del Callao führt die Gran Vía leicht bergab zur **Plaza de España**; auch dieser Teil lädt zu einem Einkaufsbummel oder zum Besuch eines Nachtlokals ein. Zwei sich gegenüberstehende Wolkenkratzer mit 26 und 34 Stockwerken haben das Bild dieses Platzes vollkommen verändert. Den Park meidet man jedoch besser. Ein lohnendes Objekt für Fotografen ist das Cervantesdenkmal: ein Steinmonument mit der Figur des Dichters, und davor in Bronze seine beiden un-

Geschäftiges Treiben in der Madrider Altstadt.

sterblichen Helden – Don Quijote hoch zu Pferd und sein Gefährte Sancho Pansa auf seinem Esel.

Die **Calle de la Princesa,** die an der Plaza de España beginnt, ist eigentlich die Verlängerung der Gran Vía in nordwestlicher Richtung. Das Haus Nr. 22 ist der hinter einem schönen schmiedeeisernen Gitter versteckte und von einem großen Park umgebene **Palacio de Liria,** auch heute noch Wohnsitz der Herzogin von Alba. Die Gemäldesammlung der Alba enthält Werke von Rembrandt, van Dyck, El Greco und Goya. Der Palast ist bewohnt und daher leider nicht zu besichtigen.

Wo die Calle de la Princesa endet, beginnt die Universitätsstadt. Die Grenze wird durch das Hauptquartier der Luftwaffe gebildet (eine moderne Nachbildung des Escorial) und Madrids jüngsten Triumphbogen, der zur Erinnerung an Francos Sieg von 1939 errichtet wurde.

MUSEEN UND ANDERE SEHENSWÜRDIGKEITEN

 **Der Prado**

Madrids ganzer Stolz, das Pradomuseum, besitzt zweifellos die größte Sammlung spanischer Gemälde auf der Welt. Selbst wenn man von dem spanischen Schatz absieht, sollte das Museum schon allein wegen seiner vielen Werke nicht-spanischer (vor allem flämischer und italienischer) Meister auf dem Besichtigungsprogramm stehen. Dieser Reichtum wurde von habsburgischen und bourbonischen Königen, privaten Kunstsammlern und spanischen Klöstern zusammengetragen.

In der Geschichte des Museums hat auch der Zufall eine Rolle gespielt. Vor mehr als zwei Jahrhunderten beauftragte Karl III. den Architekten Juan de Villanueva, der auch die Entwürfe zum Königspalast gezeichnet hatte, mit der Planung dieses klassizistischen Gebäudes. Ursprünglich sollte es ein Museum für Naturgeschichte werden, aber nachdem die Eröffnung sich immer wieder verzögerte (unter anderem durch die napoleonische Invasion, die das Gebäude schwer beschädigte), wurde schließlich ein Kunsttempel daraus: das Königliche Gemäldemuseum wurde 1819 eingeweiht. Seit 1868 heißt es *El Museo del Prado*.

Madrids Besonderheiten

Sereno. Madrids Nachtwächter. Kam man dereinst nachts heim, klatschte man in die Hände, und sie eilten mit großem Schlüsselbund herbei, um beflissentlich die Haustür zu öffnen. Diese Tradition erhielt einen empfindlichen Schlag, als 1976 die serenos als Hilfspolizisten angeworben wurden. Seither haben die Madrilenen einen eigenen Hausschlüssel bei sich!

Tasca. Eine Stehkneipe, in der es tapas gibt, appetitliche kleine Happen wie Oliven, gebratene Fischchen oder Garnelen zu einem Glas Wein.

Tertulia. Eine Runde diskussionsfreudiger Freunde in einem Café. Am Aussterben…

Tuna. Eine Gruppe liedersingender und gitarrespielender Musikanten in alten Gewändern, meist Studenten, die umherziehen und sich musizierend ein paar Peseten verdienen. Einem hübschen Mädchen brachte die tuna früher auch gratis ein Ständchen.

Zarzuela. Spanische Singspielform, meist mit Volkstypen aus Madrid.

Madrid

In den frühen 90er Jahren wurden mehrere Modernisierungsprojekte (Klimaanlage, Anlage zur Kontrolle der Luftfeuchtigkeit) durchgeführt und einzelne Säle neu organisiert. Obwohl diese Arbeiten inzwischen abgeschlossen sind, sind weitere Renovierungen einschließlich einer Erweiterung des Museums längerfristig geplant

Ein Nebengebäude des Prado, der **Casón de Buen Retiro,** der sich auf dem Hügel in der Calle de Felipe IV befindet, beherbergt eine – ebenfalls sehenswerte – Sammlung von Gemälden aus dem 19. Jh.

Der Prado besitzt etwa 7500 Werke, von denen allerdings nur etwa 1000 »bequem« an den Wänden des Museums Platz haben (der »Rest« wird entweder in anderen Räumen gelagert, ist an andere Museen ausgeliehen oder befindet sich auf einer Wanderausstellung).

Für die Besucher, die nur ganz wenig Zeit haben und eine Blitz-Visite machen wollen, stellen wir nachfolgend ein Dutzend der wichtigsten im Museum ausgestellten Maler vor. Innerhalb der Gruppen ist die Anordnung chronologisch.

Stilleben mit Prado ...

Spanische Malerei

El Greco (1541–1614). Obwohl er auf Kreta geboren wurde und sich lange in Italien aufgehalten hat, ist El Greco ein sehr spanischer Maler. 37 Jahre lang lebte er in Toledo, seiner Wahlheimat, und arbeitete hart an seinen enormen und sehr persönlich geprägten Ölgemälden. Asymmetrische

Sehenswertes

Anordnungen und ekstatische Stimmung kennzeichnen seine Werke. Der *Edelmann mit der Hand auf der Brust* ist ein frühes Porträt, eine realistische und lebendige Studie eines vornehmen *caballero*. Das Bild ist mit El Grecos eigentlichem Namen »Domeniko Theotokopoulos« signiert. Der Prado birgt auch diverse religiöse Werke des Künstlers, wie *Die Anbetung der Hirten*. Philipp II. schätzte den revolutionären Stil El Grecos nicht sonderlich; spätere Kritiker fragten sich, ob der Künstler möglicherweise kurzsichtig war; doch die Faszination, die von seinen Werken ausgeht, dauert fort.

José Ribera (um 1591–1652). Er verbrachte einen Großteil seines Lebens in Italien, wo der aus Valencia stammende Künstler als Lo Spagnoletto (der kleine Spanier) bekannt war. Seine Porträts von Heiligen, Eremiten und Märtyrern zeigen große Sicherheit in Pinselführung und Komposition und eine meisterhafte Einsetzung von Lichteffekten. Im Prado hängen einige Apostelbilder und mythologische Darstellungen.

Francisco de Zurbarán (1598–1664). Mystizismus und Realismus sind in Zurbaráns Experimenten mit Raum, Licht und Schatten vereint. Das Mitglied der Schule von Sevilla wußte so unterschiedliche Themen wie Mythologie, Religion und Geschichte mit der gleichen Meisterschaft zu behandeln. Die Priester, Mönche und Heiligen, die der tiefgläubige Zurbarán schuf, sind in wallende Gewänder von täuschend echtem Tuch gehüllt. Der Prado besitzt sein eindrucksvolles Gemälde *Die Verteidigung von Cádiz* und ein weniger bekanntes *Stilleben:* ein Becher, zwei Vasen und ein Topf vor einem schwarzen Hintergrund.

Diego Velázquez (1599–1660). Von König Philipp IV. engagiert, wurde er nicht nur zu einem überdurchschnittlich genau beobachtenden Hofmaler, sondern zugleich zum größten spanischen Maler des 17. Jh. Die königliche Familie ist auf dem Bild *Las Meninas* (Die Hofdamen) dargestellt – einem in Spanien überaus beliebten Gemälde, dem ein eigener Raum zugeteilt

Madrid

wurde. Der Maler hat sich selbst auf der linken Seite seines Meisterwerks mit der Palette in der Hand dargestellt – als Mitglied der königlichen Familie, das er auch im wirklichen Leben wurde. Eines seiner wichtigsten Werke ist die *Übergabe von Breda*, die den Sieg der Spanier über die Niederländer im Jahre 1625 verewigt. Die Ritterlichkeit des Generals, die Erschöpfung des Verlierers, die nur schlecht verborgenen Gefühle ihres Gefolges, das Gewirr der aufgereckten Lanzen und die brennende Landschaft ergeben ein Gemälde voller Pathos. Velázquez ist außerdem mit diversen Porträts vertreten.

Bartolomé Murillo (1618– 1682). In der *Heiligen Familie* stellt der im damaligen Spanien populärste Maler religiöser Kunst die biblischen Figuren wie eine ganz normale Familie »von nebenan« dar; sogar der kleine Hund scheint sich über diesen Augenblick normalen Lebens zu freuen. Solche anrührenden Szenen ebenso wie seine klassischen religiösen Werke mit über den Figuren schwebenden Engeln machten Murillo berühmt, auch wenn Kritiker die Süßlichkeit seiner späten Werke bemängelten.

Francisco de Goya (1746– 1828). In seiner Jugend ein Casanova, floh Goya 1763 von Saragossa in die Anonymität Madrids und wurde dort schließlich Hofmaler. Das umstrittenste Goya-Bild im Prado ist *Die nackte Maja*, eines der ersten Aktbilder in Spanien. Das Gesicht ist in merkwürdiger Weise auf den Körper aufgesetzt, und es ist anzunehmen, daß so die Identität der modellstehenden Dame gewahrt werden sollte. In diesem Zusammenhang wird immer wieder die angebliche intime Beziehung zwischen Goya und der Herzogin von Alba genannt, die aber nie nachgewiesen werden konnte. Goyas berühmtestes Porträt königlicher Personen, seine *Familie Karls IV.,* ist auf gewagte Weise offen und wenig schmeichelhaft; nur die königlichen Kinder sind einigermaßen attraktiv. Einem völlig anderen Thema ist das Bild *Der 3. Mai 1808: Die Er-*

Sehenswertes

schießung der Aufständischen gewidmet. Das beeindruckendste Protestbild der Kunstgeschichte zeigt die Erschießung spanischer Patrioten durch die Franzosen. Von seinem Haus aus wurde Goya Zeuge dieser Szene aus dem Unabhängigkeitskrieg, die er bei Mondschein skizzierte.

Niederländische und flämische Meister

Rogier van der Weyden (um 1400 bis 1464) machte vor allem in Brüssel Karriere und zwar als offizieller Maler dieser Stadt. Sein größtes Werk, ein Altarbild, hängt im Prado: die *Kreuzabnahme*, die für die Kapelle der Bogenschützengilde in Löwen in Auftrag gegeben wurde. Die von Trauer gezeichneten Gesichter, die skulpturale Anordnung der Figuren und die wunderbar gestalteten Gewänder zeigen die Meisterschaft eines der größten Maler seiner Epoche.

Dieses Gemälde gehört zu den zahlreichen Schätzen des Prado.

Hieronymus Bosch (um 1450–1516) wird von den Spaniern »El Bosco« genannt. Im Prado können Sie unter anderem drei Meisterwerke seiner surrealistischen Kunst bewundern, wie den *Garten der Lüste*. Erotische Phantasien und apokalyptische Alpträume mischen sich

Madrid

hier in beängstigender Weise und stellen dar, in welchem Ausmaß Furcht und Aberglaube das mittelalterliche Denken, vor allem der einfachen Menschen beherrschten. Vielleicht kann das Werk aber auch über den Geisteszustand des Künstlers selbst Auskunft geben. Den skurrilen Phantastereien eines Salvador Dali ist der niederländische Meister um 400 Jahre voraus.

Peter Paul Rubens (1577– 1640). Seine adlige Abstammung erlaubte es ihm, die Diplomatenlaufbahn einzuschlagen und sich gleichzeitig der Kunst zu widmen. Seine Schüler leisteten geradezu Fließbandarbeit, aber der produktive Künstler verstand

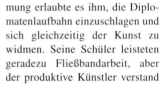

Die Kathedrale von Segovia (Seite 61) erscheint fast wie ein Komplex mehrerer Kirchen, besteht aber wirklich nur aus einem Gebäude.

Sehenswertes

es, seinem Werk die nötige Originalität zu bewahren. Unter den Dutzenden von Rubensbildern, die der Prado besitzt, zeigen vor allem zwei die Vielseitigkeit des Meisters: *Die Anbetung der Könige* ist ein brillantes religiöses Werk, während das Bild *Die drei Grazien* realistische Körperlichkeit vor einer nicht minder lebensnahen Landschaft darstellt.

Italienische Malerei

Raffael (1483–1520). Napoleon bewies seinen Kunstverstand und Geschmack, als er die Raffael-Sammlung nach Paris entführte; sie fand jedoch schon kurze Zeit später den Weg zurück nach Spanien. Auch jahrhundertelange Nachforschungen haben die Identität des *Kardinals* nicht feststellen können – eine Charakterstudie eines Mannes mit Fischaugen, Adlernase und kalten, dünnen Lippen. Möglicherweise ist Raffael ihm einmal im Vatikan begegnet.

Tizian (um 1490–1576). Das *Bildnis Kaiser Karls V.* zeigt Tizians Brotgeber in voller Rüstung zu Pferd nach der Schlacht von Mühlberg; es legte das Niveau der Hofmaler für das nächste Jahrhundert fest. Der Kaiser soll von dem Können Tizians so angetan gewesen sein, daß er sich dazu herabließ, einen dem Meister heruntergefallenen Pinsel aufzuheben. Tizian malte neben seinen Königsporträts auch religiöse Themen, hatte aber auch keinerlei Schwierigkeiten, laszive Szenen wie im *Bacchanale* zu malen.

Tintoretto (1518–1594). Während Tizian vor allem Könige porträtierte, suchte sich Tintoretto, der den Manierismus nach Venedig gebracht hatte, seine Modelle in etwas niedrigeren Bevölkerungsschichten. Im Prado hängen unter anderen auch Porträts eines Steuereintreibers, eines Generals und eines Senators. Beachten Sie auch seine biblischen Darstellungen, die ursprünglich als Deckengemälde gedacht waren, und – auf einer anderen Stilebene – sein Bild *Dame entblößt ihren Busen*.

Goyas geheimnisvolle Nackte Maja im Prado.

Noch ein paar Italiener

Vergessen Sie auf Ihrem Weg durch die »italienischen Räume« des Prado auch nicht, einen Blick auf einige interessante Renaissance-Gemälde zu werfen:

> ### Verschwundene Meister
>
> Das Schicksal meinte es nicht gut mit den Gebeinen von drei der wichtigsten spanischen Maler.
>
> **El Greco** starb im Jahre 1614 in Toledo, wo er in einer Kirche beigesetzt wurde. Später überführte man die Gebeine in ein anderes Gotteshaus, das jedoch zerstört wurde. El Grecos Sarg wurde nie wieder aufgefunden.
>
> **Velázquez**, der 1660 starb, fand seine letzte Ruhestätte in einer Madrider Kirche, die zu einem späteren Zeitpunkt abgerissen wurde. Seine sterblichen Überreste blieben ebenfalls verschwunden.
>
> **Goya** starb 1828 im Exil in Bordeaux und wurde auch dort begraben. Nach der Überführung der Gebeine nach Spanien im Jahre 1899 fehlte jedoch der Schädel.

Sehenswertes

Fra Angelicos *Verkündigung* ist wohl eines der schönsten Werke des Florentiners. Lange goldene Sonnenstrahlen treffen Maria, die in einer Loggia mit schlanken Säulen sitzt; im Hintergrund werden Adam und Eva aus dem Paradies vertrieben.

Antonello da Messinas *Christi Leichnam, von einem Engel gehalten* ist ein realistisches Werk, das eine geradezu hoffnungslose Traurigkeit ausdrückt.

In eine bezaubernde Landschaft hat Botticelli seine dem *Decamerone* des Boccaccio entlehnten Figuren auf dem farbenfrohen und eindrucksvollen Bild *Die Geschichte des Nastagio Onesti* gestellt.

Antonio Correggios *Noli me tangere* zeigt Maria Magdalena in Ehrfurcht vor dem auferstandenen Christus; die Figuren bewegen sich vor einem bewaldeten Hintergrund.

Palacio Real *(Königlicher Palast)*

Nach der Krönung von König Juan Carlos I. im Jahre 1975 stieg die Besucherzahl im Königlichen Palast deutlich an. Ein Palast, der noch benutzt wird, ist schließlich weit interessanter als ein bloßer historischer Bau. Bei besonderen Anlässen oder offiziellen Feierlichkeiten in Anwesenheit des Königs allerdings wird der Palast an manchen Tagen (nicht immer im voraus bekannt) für Besucher gesperrt.

Vermutlich in Erinnerung an den maurischen Alcázar, der früher hier stand, wird der Königliche Palast auch Palacio de Oriente genannt. Als 1734 der Alcázar niederbrannte, ordneten Philipp V. und Isabella Farnese den Bau eines großen neuen Palastes nach französischem Vorbild an. Der klassizistische Bau wurde erst unter Carlos III. (regierte 1759 – 1788) fertiggestellt, eine beeindruckende Residenz reich an Kunstschätzen und Geschichtlichem.

Aus Sicherheitsgründen dürfen Besucher den Palast nicht allein durchstreifen, sondern werden (nach Sprachen gruppiert)

Der wirklich majestätische Königliche Palast bietet den entsprechenden Rahmen für die Festlichkeiten des Staates.

geführt. Eine solche Führung durch einige der insgesamt 2000 Räume dauert etwa eine Stunde. Sie beginnt in der hellen, hohen Halle am Fuße der prächtigen Großen Treppe, deren Stufen jeweils aus einem einzigen Marmorblock gearbeitet sind. Von den marmornen Löwen am Treppengeländer stammt einer aus Frankreich, der andere aus Spanien.

Dann kommt man in die **Halle der Hellebardiere.** Hier hängen alte flandrische und spanische Wandteppiche. Sie sind sehr gut erhalten; auch die Farben leuchten noch immer herrlich.

Der sogenannte **Offizielle Empfangsraum,** ganz in rotem Samt und Gold gehalten, wird noch immer benutzt, wenn ein neuer Botschafter sein Beglaubigungsschreiben überreicht.

Sehenswertes

Der **Thronsaal** befindet sich in der Mitte des Südflügels; seine Wände sind mit rotem Samt und Spiegeln in Goldrahmen geschmückt. Das Deckengemälde stammt von der Hand Tiepolos (1764); es stellt »die Monarchie, den Ruhm Karls III. und die spanischen Provinzen« dar. Vier vergoldete Bronzelöwen bewachen den Thron. In der Vorkammer befinden sich vier sehenswerte Gemälde Goyas.

Verschwenderisch sind die Gemächer Karls III. ausgestattet. Besondere Erwähnung verdient der **Gasparini-Saal,** nach Matias Gasparini aus Neapel benannt, der für die gesamte überreiche Ausstattung dieses Rokokogemachs hervorragende Künstler seiner Zeit heranzog.

Der **Bankettsaal**, in dem 145 Gäste Platz haben, wurde 1879 zur Hochzeit von Alfons XII. mit seiner zweiten Gemahlin Maria Christina eingerichtet. Besonders bemerkenswert sind hier die Lüster und Leuchter sowie die Porzellanvasen aus dem 18. Jh. und die Brüsseler Gobelins.

Das **Gemäldemuseum.** Die ältesten Werke der Sammlung sind religiöse Bilder aus dem Besitz Isabellas I. (der Katholischen). Im Saal, der Velázquez gewidmet ist, werden Sie ein Gemälde mit einem reiterlosen, sich bäumenden Pferd bemerken. Velázquez starb, bevor er den königlichen Reitersmann daraufsetzen konnte. Werke von Zurbarán, El Greco und Goya vervollständigen die Sammlung.

Die **Königliche Apotheke.** Mit der Nachbildung einer »Alchimistenküche« aus dem 17. Jh. sind in zwei Räumen auf Regalen die Glasgefäße und Porzellantiegel zu sehen, die Karl IV. 1794 für die Apotheke bestellte.

Sollten Sie in der Zwischenzeit ein wenig müde geworden sein, wird die **Königliche Waffensammlung** Sie bestimmt wieder aufwecken. Hier stehen Ritter und Reiter, Banner, Schilde, verschiedenste Waffen und eine große Anzahl von Trophäen jeder Art – Zeugen unserer kämferischen Geschichte – und nicht immer glorreichen. Diese Waffensammlung gilt neben der in Wiener Sammlung als die größte und interessanteste, die es gibt.

Die **Königliche Bibliothek** kann nur mit einer speziellen Genehmigung zu Studienzwecken besucht werden.

Mehr für Kunstliebhaber

Madrid hat einige weitere Museen, wie beispielsweise Sammlungen in privater oder öffentlicher Hand oder im Besitz von religiösen Institutionen. Fast alle diese Museen sind ebenfalls für die Öffentlichkeit zugänglich. Sie sind meistens von 10 bis 14 Uhr geöffnet; einige machen auch am Spätnachmittag wieder auf. Montags sind beinahe alle geschlossen. Die Eintrittspreise sind gewöhnlich ausgesprochen gering. Fast überall findet man ausschließlich spanische Beschriftungen. Zu beachten: *Siglo III a. C.* heißt 3. Jh. v. Chr.: *d. C.*: n. Chr.

Thyssen Bornemisza Museum, Paseo del Prado, 8. Diese neue Bereicherung der schon immer imposanten Kunstszene Madrids befindet sich im Palacio de Villahermosa, dem Prado gegenüber. Der elegante, dreistöckige Palast wurde eigens für diese Privatsammlung – eine der größten – von alten Meistern und modernen Gemälden restauriert. Über 800 Gemälde sind hier ausgestellt, einen Zeitraum vom 13. Jh. bis zur Moderne umspannend. Aus dem 19. und 20. Jh. sind Beispiele verschiedener Kunstrichtungen wie der Pariser Schule, des deutschen Expressionismus, der russischen Avantgarde und der amerikanischen Malerei vertreten. Zu den wichtigsten Sammlungen gehören klassische Werke von Fra Angelico, Van Eyck, Dürer, Rembrandt, Hals, Tizian, Van Dyck und Rubens, sowie Werke der Impressionisten und vieler anderer.

Museo Lázaro Galdiano, Calle de Serrano, 122. Eine erstaunlich vielseitige Privatsammlung von unschätzbarem Wert, die dem Staat vermacht wurde. Antiker Schmuck, darunter ein keltisches Diadem aus dem 2. Jh. v. Chr.; Meisterwerke der Elfenbeinschnitzkunst, Kostbarkeiten in Emaille, Gold und Silber aus dem Mittelalter und der Renaissance; prachtvolle Kirchengewänder und alte Waffen. Gemälde: von Rembrandt ein Bildnis seiner Frau Saskia aus dem Jahr ihrer Heirat; Hieronymus Bosch ist mit einer diabolischen Vision vertreten. Von Goya sind zahlreiche Werke vorhanden, von El Greco gibt es ein fein empfundenes *Bildnis des hl. Franz von Assisi* sowie ein frühes Gemälde (1562) aus seiner venezianischen Zeit. An englischen Malern trifft man Reynolds, Gainsborough und Constable; überraschenderweise ist auch der Amerikaner Gilbert Stuart vertreten. Der ganze Stolz des Museums ist jedoch in einer Nische im Erdgeschoß untergebracht: *Der Heiland* von Leonardo da Vinci, ein Bild von großer Schönheit, das der Meister etwa um 1480 schuf.

Casón del Buen Retiro (Dependance des Prado), Calle de Felipe IV, auch »Abteilung des Prado für spanische Kunst des 19. Jh.« genannt. Hier hängen Werke Goyas: Gemälde, die das tägliche Leben aber auch den Tod zum Thema haben. Goyas Meisterschüler Vicente López ist mit Bildnissen vertreten, die oft wenig schmeichelhaft anmuten. In einem Saal werden historische Gemälde mit kämpferischen und melodramatischen Szenen gezeigt, in einem anderen frühe spanische Impressionisten ausgestellt.

Centro de Arte Reina Sofía, Calle de Santa Isabella, 52. Picassos Meisterwerk *Guernica* ist zweifellos der Star dieser Austellung. Hinter kugelsicherem Glas können Sie dieses zutiefst erschütternde Panorama betrachten, das er nach der Bombardierung der ungeschützten Baskenstadt im Spanischen Bürgerkrieg malte. Daneben sind einige der Original-Skizzen und Studien ausgestellt, die er für dieses Gemälde erstellte. Das Kunsthaus beherbergt daneben auch andere Gemälde Picassos, sowie eine reiche Sammlung von Werken der Maler Miró, Dalí und Juan Gris.

Madrid

Museo Sorolla, Paseo del General Martínez Campos, 37. Das einzige Museum in Madrid, welches nur einem Maler gewidmet ist. Der aus Valencia stammende Joaquín Sorolla (1863–1923) hat in diesem Hause gelebt und gearbeitet. Das Museum zeigt annähernd 300 Werke dieses hervorragenden Impressionisten.

Museo Nacional de Antropología (Nationales Völkerkundemuseum Museum), Avenida de Juan de Herrera, Ciudad Universitaria. Dieses Museum, das sich im Aufbau befindet, ist zwar in einem hochmodernen Wolkenkratzer untergebracht. Es ist zur Zeit vorwiegend wechselnden Graphik- und Architektur-Ausstellungen gewidmet, während es zum Völkerkunde-Museum umgebaut wird.

Museo Cerralbo, Calle de Ventura Rodríguez, 17. Auch hier handelt es sich ursprünglich um eine Privatsammlung (des Marqués de Cerralbo), die später dem Staat vermacht wurde. Das Museum sieht denn auch eher wie das Privathaus eines Sammlers aus. Nur bei wenigen Bildern werden nähere Angaben gemacht oder die Namen der Künstler ausgewiesen. Die Sammlung ist allerdings recht beeindruckend: Immerhin gibt es Werke von El Greco, Murillo, Ribera, Zurbarán, Tizian und Caravaggio.

Miró und andere Künstler der Moderne sind im Centro de Arte Reina Sofía ausgestellt.

Convento de la Encarnación, Plaza de la Encarnación. Dieses Kloster wurde 1611 von Margarethe von Österreich, der Gemahlin Philipps III. gegründet. Museum und Kirche besitzen eine sehr interessante Sammlung von Kunstwerken. Besonders reich bestückt ist der Reliquienschatz. In der Barockkirche (18. Jh.) sind die betenden Nonnen zwar zu hören, zu sehen sind sie nicht: sie leben jenseits des Gitterwerks in der Klausur.

Goya-Pantheon: Ermita de San Antonio de la Florida, Paseo de la Florida. In einer unschönen Gegend steht eine kleine Kapelle aus dem 18. Jh., deren Kuppel Goyas größtes und berühmtestes Fresko ziert: der hl. Antonius predigt einer Menge, zu der Madrids Volk Modell gestanden zu haben scheint. 1919 wurden Goyas Gebeine hierher überführt und im Chor beigesetzt.

Auf den Spuren der Geschichte

Museo Arqueológico, Calle de Serrano, 13. Hier ist die frühe Kunst Spaniens zu sehen: keltische Plastiken, darunter als schönste *La Dama de Elche* (so benannt nach dem Ort in der Nähe von Alicante, wo sie 1897 gefunden wurde), wahrscheinlich eine Göttin darstellend, mit strengem, schönem Gesicht, orientalisch anmutendem Kopfschmuck und schweren Halsketten. Von der im 2. Jh. v. Chr. von Karthagern besiedelten Insel Ibiza stammen Tonfiguren und Schmuck. Zeugen der römischen Besiedlung sind sehr gut erhaltene Mosaiken aus dem 2. Jh. n. Chr.

Erwähnung verdienen ferner die Votivkronen westgotischer Könige und – aus der Zeit der Araberherrschaft und der Reconquista – kunstvoll gearbeitete Gegenstände von arabischen, mozarabischen und mudéjaren Künstlern.

Auf dem Museumsgelände, besser gesagt unter dem Museum, wurden die in Altamira entdeckten Höhlenmalereien originalgetreu reproduziert. Diese prähistorischen, überaus lebendigen Felszeichnungen von Tieren sollen ungefähr 15 000 Jahre alt sein.

Madrid

Museo de América, Avenida de los Reyes Católicos, 6 (Ciudad Universitaria), nach gründlicher Renovierung wiedereröffnet. Aus Peru, Kolumbien und Mexiko sind wunderbare vorkolumbianische Statuen und Kunstgegenstände zu sehen. In Vitrinen sind zwei vollständige Urkunden der Maya (Kodizes) ausgestellt mit schönen Illustrationen und geheimnisvollen Schriftzeichen.

Templo Egipcio de Debod. Dieser ägyptische Debodtempel aus dem 4. Jh. v. Chr., der in den Fluten des Assuanstausees versunken wäre, wurde in den Anlagen des Cuartel de la Montaña Stein für Stein originalgetreu wiederaufgebaut. Palmen und andere exotische Gewächse geben einen passenden Rahmen. Vom Tempel aus haben Sie einen herrlichen Blick auf Madrid.

Kunsthandwerk

Museo Nacional de Artes Decorativas, Calle de Montalbán, 12. Hier sieht der eingefleischte Antiquitätenliebhaber sicherlich all die Dinge, die er nur zu gern auf dem *rastro*, dem Flohmarkt, gefunden hätte. Und hier sind sie natürlich wirklich echt! Alte, kunsvoll gearbeitete spanische Glasbläser- und Holzschnitzerarbeiten, wunderschöne Wandteppiche, Keramik sowie verschiedenste Arten von Schmuck.

Museo Romántico, Calle de San Mateo, 13. Für das Rokoko und seine Möbel, Spiegel und Reifröcke scheint man in Spanien eine besondere Vorliebe gehabt zu haben. Einige wirklich interessante Kunstwerke sind zu sehen.

Real Fábrica de Tapices (Königliche Teppichmanufaktur), Calle de Fuenterrabía, 2. Seit der Gründung 1721 durch Philipp V. hat sich hier, abgesehen von der Wollfärbetechnik, nichts verändert. Hier malte Goya seine Teppichentwürfe. Noch heute werden auf Bestellung Gobelins nach Goyas Vorlagen, aber auch nach modernen Entwürfen, hergestellt.

Sehenswertes

Kuriositäten

Fábrica Nacional de Moneda y Timbre (auch »Casa de la Moneda«, das Münzkabinett), Paseo del Doctor Esquerdo, 36. Eine hübsch eingerichtete Sammlung im obersten Stock der heutigen Münzstätte. Während Sie durch die 22 Säle streifen – mit nicht weniger als 25 000 numismatischen und philatelischen Ausstellungsstücken –, spüren Sie die Vibration der großen Prägepressen, die unten Peseten ausspucken. Zu bestaunen sind u.a. ein chinesischer Geldschein aus dem 12. Jh. sowie eine Vielzahl von verschiedenen russischen Rubelnoten, die während der Revolutionswirren ihren Weg nach Spanien fanden. Aus Sicherheitsgründen wird der Zutritt nur bei Vorzeigen eines gültigen Reisepasses erlaubt.

Museo Colón de Figuras de Cera, Plaza de Colón. Ein interessantes, privates Wachsfigurenkabinett, in dem historische Figuren neben Berühmtheiten unserer Tage zu bewundern sind, mit speziellen audiovisuellen Effekten. Die Figuren sind sehr realistisch und geben einen guten Überblick über die spanische Geschichte. Geöffnet täglich, einschließlich sonntags und montags, von 10 bis 14 Uhr und von 16 bis 20.30 Uhr.

Museo Naval (Schiffahrtsmuseum), Calle de Montalbán, 2. Das Museum, in der Nähe der Plaza de la Cibeles gelegen, gibt Aufschluß über die glorreiche spanische Seefahrt der Ver-

Präkolumbianische Kunst aus Costa Rica im Museo de América.

Cervantes im Wachsfigurenkabinett an seinem Schreibtisch sitzend – und auf eine Eingebung wartend.

gangenheit, über die Entdecker und ihre Schiffe. Eines der wertvollsten Stücke ist eine Karte aus dem Jahre 1500, die ein erstaunliches Wissen über die gerade erst entdeckte Neue Welt offenbart.

Museo Municipal (Städtisches Museum), Calle de Fuencarral, 78. Das Sehenswerteste am früheren Hospicio de San Fernando ist sein hohes Barockportal, das Pedro de Ribera Mitte des 18. Jh. schuf.

Museo Taurino. Das Stierkampfmuseum ist in der Stierkampfarena *(Plaza de Toros Monumental)* von Las Ventas untergebracht. Hier finden Sie alte Plakate, *capas*, Degen und Fotos.

Sehenswerte Gebäude und Parks

Paseo de la Castellana heißt Madrids größte Nord-Süd-Achse. Von der Plaza de Colón aus gegen Norden weichen mehr und mehr alte Patrizierhäuser luxuriösen, modernen Wohnblocks mit großen, bepflanzten Balkonen.

Nuevos Ministerios. Der Komplex »Neue Ministerien« am Paseo de la Castellana entstand in diesem Jahrhundert. Er um-

Sehenswertes

faßt die Ministerien für Arbeit, für Wohnungsbau und für Öffentliche Bauten.

Plaza de Colón. Dieser Platz verbindet La Castellana mit dem Paseo Recoletos. Vor einiger Zeit war er Schauplatz größerer Bauarbeiten. Heute liegt der Busbahnhof der Iberia unter der Erde. Den Platz selbst schmücken eine Statue von Kolumbus aus dem Jahr 1885 sowie ein Denkmal zur Erinnerung an die Entdeckung der Neuen Welt; außerdem befindet sich hier das städtische Kulturzentrum.

Puerta de Alcalá. Dieser große Triumphbogen, den allegorische Embleme krönen, wurde zu Ehren Karls III. errichtet. Noch bis zur zweiten Hälfte des vorigen Jahrhunderts bezeichnete dieser Platz das Ende der Stadt. Heute ist die Plaza de la Independencia einer der Verkehrsknotenpunkte des Madrider Zentrums.

Hier liegt einer der zwölf Eingänge zum **Parque del Retiro.** Bis vor mehr als 100 Jahren war der Retiro königlicher Privatpark. Heute ist er für den *madrileño* die am bequemsten zu erreichende Grünzone (siehe S. 92).

Eine weitere grüne Oase im Stadtzentrum ist der **Real Jardín Botánico,** der königliche botanische Garten, neben dem Prado. Er wurde vor 200 Jahren gegründet und ist voll von wunderbaren Blumen und anderen Pflanzen. In der Nähe liegt der restaurierte Atocha-Bahnhof, in dem sich ein tropischer Garten befindet.

El Congreso de los Diputados, das spanische Parlament, tritt in der Nähe des Prado, in einem Gebäude aus der Mitte des 19. Jh., zusammen.

Puente de Segovia (Segoviabrücke). Der Entwurf für Madrids älteste Brücke stammt von Juan de Herrera, dem Erbauer des Escorial. Diese wuchtigen Granitbögen wurden im Jahre 1584 erbaut; sie überspannen den Manzanares, das Flüßchen, an dem Madrid liegt – nach mitteleuropäischen Vorstellungen allenfalls als Bächlein zu bezeichnen. Lope de Vega hat sich

Einst ein Königsforst, jetzt Vergnügungspark: Casa de Campo.

schon darüber amüsiert: »*Tenéis un hermoso puente con esperanzas de rio*« (»Ihr habt eine schöne Brücke; die wartet auf einen Fluß«).

Ciudad Universitaria. Die riesige Universitätsstadt wurde in dem Stadtteil errichtet, der während des Bürgerkrieges am stärksten verwüstet wurde. Der Einbezug der wiederaufgebauten Ruinen in die neuen Gebäude erklärt die unterschiedlichen Baustile.

Parque Casa de Campo. Das ausgesprochen große Gelände gehörte früher zu den königlichen Gärten. Heute ist es ein Vergnügungspark mit künstlichem See, Ruderbooten und einem Schwimmbad. Im Zoo sind 150 Tierarten nur durch Gräben von den Besuchern getrennt. Man fährt per Bus, Vorortszug oder Seilbahn *(teférico)* dorthin.

AUSFLÜGE

 Toledo 65 000 Einwohner *(70 km südwestlich von Madrid)*

Ganz Spanien – seine Geschichte, seine Völker, seine Kunst – liegt in dieser kleinen Stadt auf einem kastilischen Felsen konzentriert. Die einstige kaiserliche Hauptstadt ist noch immer reli-

Madrid

giöser Mittelpunkt Spaniens. Und sie birgt unermeßliche Kunstschätze aller Art. Leicht kann man sich hier in mittelalterlichen Gassen und Gäßchen verlaufen; aber es lohnt sich.

Können Sie außer Madrid nur eine einzige spanische Stadt besuchen, sollten Sie nach Toledo fahren; und können Sie sich nur eine einzige spanische Kirche ansehen, sollten Sie in die **Kathedrale von Toledo** gehen. Ihr gotischer Turm mit der drei Dornenringe tragenden, glatten Spitze ist von weither sichtbar. Die ganze Kathedrale jedoch bekommt man leider nie ins Visier; sie ist zu dicht vom Gewirr der Altstadthäuser umgeben. Die Schönheit dieser Kirche muß man von innen bewundern: die bunten Glasfenster, die schmiedeeisernen Gitter, die Schnitzereien, Skulpturen und Gemälde – von Scharen hochbegabter Künstler geschaffen.

Religiöser Mittelpunkt des christlichen Spanien ist Toledo seit der Zeit der ersten Synoden und Kirchenkonzile, die schon im Jahre 400 hier abgehalten werden. Als die Araber 711 die Iberische Halbinsel stürmen, kann die christliche Religion nur noch »im Untergrund« wirken. Nach der Rückeroberung Toledos durch die Christen 1085 – an der der legendäre Cid teilnimmt – werden die Moscheen in Kirchen verwandelt. Die Mittel für eine große Kathedrale kommen im Jahre 1222 schließlich zusammen. Der Bau allein dauert dann zweieinhalb Jahrhunderte, die Ausschmückung noch länger.

Das **Chorgestühl** (*coro*) im Mittelschiff der 5-schiffigen Anlage ist ein Wunder der Holzschnitzkunst. Die untere Reihe des Gestühls mit Darstellungen von der Einnahme Granadas wurde 1495 von Rodrigo Alemán fertiggestellt, also nur 3 Jahre nach der Rückeroberung. Die mittlere und die obere Gestühlreihe stammen von den Renaissancemeistern Alonso Berruguete und Felipe Bigarny. Die Marmorstatue, *La Virgen blanca* (Die Weiße Jungfrau), soll das Werk eines französischen Meisters aus dem 13. oder 14. Jh. sein. Hinter der Vierung fällt das Auge auf den prachtvollen Hochchor. In fünf Reihen übereinander erhebt sich ein farbensprühen-

Sehenswertes

der **Hochaltar** mit Szenen aus dem Neuen Testament. Eine ganze Gruppe begnadeter Künstler hat an diesem Retabel gearbeitet.

Genau hinter dem Hochchor wurde in späterer Zeit der unvergleichliche **Transparente** eingebaut, ein barocker Marienaltar, der mit architektonischen Elementen und zum Teil bemalten und vergoldeten Skulpturen von der Hand eines einzigen Meisters stammt. Narciso Tomé betätigte sich hier als Architekt, Bildhauer und Maler zugleich. Er durchbrach das Deckengewölbe und erhielt damit das notwendige Licht. Während die 750 bunten Glasfenster dem Inneren

Der gothische Turm der Kathedrale von Toledo ist fast überall in der Stadt sichtbar.

Der Hauptaltar ist ein Gemeinschaftswerk vieler Künstler.

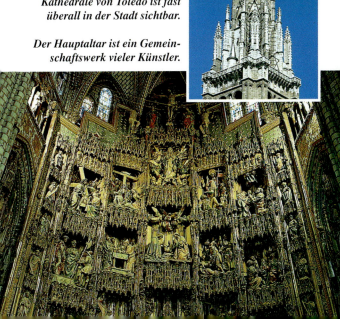

Sehenswertes

der Kathedrale eine gedämpft feierliche und stille Atmosphäre verleihen, wirkt Tomés Wunderwerk aus Bronze, Marmor und Jaspis wie eine Explosion von Licht und Leben.

Die **Sala Capitular** (Kapitelsaal) ist ein maurisch anmutender Raum mit Artesonadodecke. Die Wandgemälde zeigen die Erzbischöfe von Toledo, darunter den hl. Eugen (96 n. Chr.) und den mächtigen Kardinal Cisneros, der den Bau dieses Kapitelsaals in Auftrag gab.

Im **Tesoro** (Schatzkammer) treten Reliquien, Meßkelche und Kronen in den Hintergrund angesichts der prachtvollen Monstranz, die der deutsche Silberschmied Heinrich von Harff (Enrique de Arfe) im Auftrag wiederum von Kardinal Cisneros aus 5600 silbernen Einzelteilen fertigte. Um die Pracht zu erhöhen, wurde das Ganze noch mit Edelsteinen besetzt und vergoldet. Die Monstranz soll 17 *arrobas*, also etwa 195 kg wiegen.

Die **Sakristei** ist ein wahres Museum. Die Klimaanlage wurde aber beileibe nicht zum Wohl der Touristen installiert; sie soll die Gemälde erhalten helfen. Die Bilder sind deutlich beschildert – eine Seltenheit in spanischen Kirchen – und ersparen einem unnützes Rätselraten. Hier hängen tatsächlich 16 El Grecos: Gemälde, die die Jungfrau darstellen, Christus mit dem Kreuz, die Apostel; sie alle treten zurück hinter dem Bild über dem Altar, der *Entkleidung Christi* (Expolio). Ferner beherbergt dieser Raum Werke von Goya, Tizian und Velázquez.

Für die Besichtigung anderer Teile der Kathedrale – Chorgestühl, Schatzkammer, Museum – wird Eintritt erhoben.

Neben der Kathedrale dominiert in der Silhouette der Stadt der **Alcázar,** Toledos Festung, viele Male zerstört und immer wieder neu aufgebaut. Als erstes stand hier ein römisches Kastell. Der heutige Renaissancestil geht auf Entwürfe des 16. Jh. zurück. Der Alcázar (arab.: *al-qasr* = Festung, Palast) war abwechselnd kaiserlicher Palast, Kaserne, Schule und Gefängnis. Während des Bürgerkrieges wurden Franco-Truppen hier 72 Tage lang be-

Madrid

lagert und der Alcázar fast ganz zerstört. Das Büro des Kommandanten mit Geschoßeinschlägen, Gegenstände aus der Belagerungszeit und das primitive Lazarett, wo während der Kämpfe zwei Kinder geboren wurden, können besichtigt werden.

Der größte Platz in Toledo hat Dreiecksform; auch er wurde nach dem Bürgerkrieg wieder aufgebaut. Auf dieser **Plaza de Zocodover** wurde im frühen Mittelalter zur Maurenzeit Markt (*zoco*) abgehalten. Später fanden hier Volksbelustigungen, Folterungen, Ketzer- und Verbrecherhinrichtungen statt. Das hat dem Tor mit dem maurischen Hufeisenbogen den Namen gegeben: Arco de la sangre (Blutbogen).

Das in der Calle de Cervantes hügelabwärts gelegene **Hospital de la Santa Cruz** (Heiligkreuzspital) aus dem frühen 16. Jh. ist heute Museum. Das Hauptportal ist im Plateresken- oder Silberschmiedstil (*platero* = Silberschmied) gearbeitet, mit Ornamenten, Figuren und Säulen. Im Innern geben hölzerne Artesonadodecken den Eindruck von Großzügigkeit. Hier ist das Archäologische Museum der Provinz Toledo untergebracht; doch mehr Beachtung verdient die Gemäldesammlung. Auch hier gibt es wiederum zahlreiche Werke von El Greco, unter denen als schönstes unstreitbar das Altarbild *Mariä Himmelfahrt* zu nennen ist, das der Meister nur ein Jahr vor seinem Tode vollendete.

Am Ende der Calle de Cervantes kommen Sie zum Paseo del Carmen, einer Promenade oberhalb des Felsabhangs über dem Tajo, der bei Lissabon in den Atlantik mündet. Von hier aus hat man einen schönen Blick auf die Alcántarabrücke (arab.: *al-qantara* = Brücke), von der bestimmte Bauteile noch aus dem 9. und 13. Jh. stammen. Jenseits des Flusses steht die Festung San Servando, die ursprünglich Kloster war, im Mittelalter aber zur Festung umgebaut wurde zum Schutz vor Angriffen von der Ostseite der Stadt. Brücke, Festung und andere Bauwerke sind sorgfältig restauriert und instandgehalten. Der Tajo aber scheint hoffnungslos verschmutzt.

Die Skyline von Toledo: Ein sehr ähnliches Bild bot sich bereits El Greco vor langer Zeit.

Jeden Dienstag ist auf dem Paseo del Carmen **Markt.** Dann herrscht lebhaftes, buntes Treiben mit Lachen, Schimpfen und Schreien, Schubsen und Drängeln. Auf diesem Wochenmarkt versorgen sich die Toledaner. Mitbringsel und Andenken sollten Sie in den Läden kaufen. Berühmt sind besonders die Toledaner Klingen; da werden Degen, Dolche, Brieföffner mit kunstvollen Einlege- und Gravurarbeiten und auch Schmuck angeboten. In den Geschäften können Sie die Künstler bei der Arbeit sehen. Auch hübsche Keramik und bemalte Fächer laden zum Geldausgeben ein.

Mit ihrem Turm im Mudéjarstil (das Werk christianisierter Mauren nach der *reconquista*) gehört die **Kirche Santo Tomé** zu den Wahrzeichen der Stadt. Hier muß man schon etwas bezahlen, will man ein einziges Bild betrachten. Aber was für ein Bild! El Grecos berühmtes *Begräbnis des Grafen von Orgaz* stellt in grandioser Weise Irdisches und Überirdisches zusammen. Der

Madrid

Legende nach erschienen der hl. Augustinus und der hl. Stephan, um den Grafen selbst ins Grab zu legen. Hinter dieser farbigen Szene steht dunkel die Schar der Trauernden, denen El Greco das Aussehen von vornehmen Toledanern seiner Zeit gab (obwohl das Begräbnis fast 300 Jahre früher stattgefunden hatte). Für den Fackelträger vorn links stand sein Sohn Modell. Über dieser irdischen Szene, farblich genial ausgewogen, die himmlische: Christus, umgeben von Heiligen und Seligen.

Toledo war El Grecos zweite Heimat; hier verbrachte er die fruchtbarsten Jahre seines arbeitsreichen Lebens. Geht man von Santo Tomé die Straße hinab, kommt man zu einem Haus, in dem der Maler gelebt haben könnte (El-Greco-Haus). Es wurde wiederaufgebaut, eingerichtet und mit dem Greco-Museum verbunden. Mobiliar aus dem 16. Jh. und ein stilles Gärtchen schaffen eine versunkene Atmosphäre.

Im Museum sind mehrere Gemälde des Meisters ausgestellt, darunter *Ansicht und Plan von Toledo* (wie wenig das Stadtbild sich seither verändert hat!) und – wirkungsvoll auf einer Staffelei – *Der hl. Petrus*.

Das **El-Greco-Haus** soll im 14. Jh. im Auftrag von Samuel Levi erbaut worden sein, dem jüdischen Schatzmeister Peters I. von Kastilien. Seit dem 12. Jh. war Toledo nämlich Zentrum jüdischer Geschichtsschreiber, Dichter und Philosophen. Im Ausgang des Frühmittelalters war Toledo bereits Kultur- und Geisteszentrum und kulturenverbindender Mittler, durch den arabische Wissenschaft und griechische Philosophie ins Abendland gelangten.

In dieser Zeit des friedlichen Zusammenlebens ließ der gleichermaßen wohlhabende und gläubige Samuel Levi neben seinem Haus eine Synagoge im Mudéjarstil bauen. Nach der Vertreibung der Juden aus Spanien wurde die Synagoge zur Kirche gemacht und dem Tod der Jungfrau geweiht, daher der Name **Sinagoga del Tránsito.** Für die Artesonadodecke wurde Ze-

Auf Cervantes Spuren: Viele Windmühlen in der Nähe von Toledo stehen auch heute noch.

dernholz aus dem Libanon verwendet. Die Wände bedeckten die maurischen Künstler mit einem Filigran aus Stuckdekorationen und mit hebräischen Psalmen. Für die Frauen ist eine Empore eingebaut. Die Grabsteinplatten im Boden gehören zu Christengräbern aus der Zeit nach der Judenvertreibung. Der Synagoge angeschlossen ist heute das **Sephardi-Museum,** das Gegenstände aus mittelalterlichen Gräbern, Schriftrollen und Gewänder ausstellt.

Auch die **Sinagoga de Santa María la Blanca** (Maria die Weiße) erhielt ihren jetzigen Namen erst nach der Umwandlung in eine Kirche. Im 12. Jh. noch die größte Synagoge Toledos, erinnert heute hier nichts mehr an ein jüdisches Gotteshaus. Der Baumeister trennte den Raum durch 24 kräftige, Hufeisenbogen tragende Pfeiler in fünf Schiffe. Eine Blindgalerie maurischer Vielpaßbogen, Stuckdekorationen und Kapitele mit stilisierten Blatt- und Zapfenornamenten bewirkt, daß man sich eher in einer Moschee als in einem jüdischen Gotteshaus fühlt. Im 15. Jh., als der Pöbel in Spanien zu Ausschreitungen überging, war die Syna-

Madrid

goge Schauplatz von Pogromen und blutigen Massakern. Danach diente sie wechselweise als Kloster für »gefallene Mädchen«, Armeequartier und -depot.

Zur Erinnerung an ihren Sieg über die Portugiesen in der Schlacht von Toro ließ das Katholische Königspaar 1476 Kirche und Kloster **San Juan de los Reyes** aus eigener Tasche finanzieren. Die Kirche sollte ursprünglich ihre Grabstätten aufnehmen. San Juan de los Reyes ist eines der schönsten Beispiele für die spanische Spätgotik, in der Stilelemente aus Gotik und beginnender Renaissance mit *Mudéjar*formen vereint sind. Der Kreuzgang trägt eine Galerie mit spätgotisch gedrückten und gezackten Spitzbogen. An der Nordfassade der Kirche hängen als traurige Reliquien Ketten, die die christlichen Gefangenen in maurischen Kerkern tragen mußten.

Der Kreuzgang in San Juan de los Reyes ist ein Juwel spanischer Spätgotik.

Verläßt man die Stadt durch die Puerta Nueva de Bisagra (16. Jh.), kommt man kurz vor der Stierkampfarena zum **Hospital de Tavera** (auch Hospital de Afuera oder de San Juan Bautista). Palast, Waisenhaus und Kirche in einem, wurde das Spital im 16. Jh. von Kardinal Juan Pardo de Tavera in Auftrag gegeben. Bemerkenswert ist der schöne Patio (Innenhof). Die Bibliothek enthält nicht nur wertvolle alte Bücher, sondern auch Bände mit sorgfältigen Abrechnungen des Spitals über sämtliche Einkäufe, von Fisch bis Schokolade. Im Speisesaal überraschen ein

Sehenswertes

Gemälde Karls V. von Tizian und ein Bildnis der Infantin Clara Eugenia von Claudio Coello. El Greco ist auch hier mit mehreren Werken vertreten; zu des Künstlers letzten Bildern gehört die *Taufe Christi*. Überraschend wirkt Riberas Porträt einer bärtigen Frau. Beachten Sie auch die kleine Statue, *Der Erlöser (El Salvador)*, mit der El Greco sich als Bildhauer betätigte.

Auf dem Weg von Toledo zurück nach Madrid, kommt man etwa auf halbem Weg in das Dorf **Illescas** (ca. 33 km von Toledo). In der Kirche des **Hospital de la Virgen de la Caridad** hängen fünf Gemälde von El Greco.

Segovia 54 000 Einwohner *(88 km nordwestlich von Madrid)*

Plötzlich haben wir die Silhouette von Segovia vor uns. Und bevor wir die einmalige Lage der Stadt richtig erfaßt haben, nehmen uns die Umrisse der Wahrzeichen Segovias gefangen. Nun kommt vielleicht eines davon ins Blickfeld; aber bevor man sich daran sattsehen kann, fällt das Auge auf ein neues Wunder.

> ¡Llénelo. por favor!
> **Volltanken, bitte!**

Zunächst die Lage: Unvermittelt ragt Segovia auf seinem Felsen aus der Hochebene Altkastiliens heraus. Es ist reinstes kastilisches Land mit der typischen Weite des Hochlands, das hin und wieder von einer Baumgruppe, einem Bauernhaus, einem Kloster oder einer Burg unterbrochen ist. Den halben Horizont füllt die Sierra Guadarrama, wo man im Winter skifahren kann.

Die drei sehenswertesten Bauwerke Segovias sind, angefangen beim ältesten: der Aquädukt, der Alcázar, die Kathedrale.

Der **römische Aquädukt** – nicht nur ein wunderbares Bauwerk, sondern dazu eine technische Pionierleistung – geht mitten durch die Stadt. Vergleichen wir das Alter dieses genialen Bauwerks mit der Lebensdauer heutiger Bauten, darf unsere Bewunderung grenzenlos sein. Erbaut wurde der Aquädukt aus Tausenden von Granitblöcken, die ohne Bindemittel zu einer strecken-

Der Römische Aquädukt in Segovia wird auch heute noch benutzt.

weise zweistöckigen Bogenreihe zusammengesetzt wurden. Er mißt etwa 800 m, erreicht eine Höhe von fast 29 m und ist das letzte Stück eines Kanals, der die Stadt mit Wasser aus dem Gebirge versorgt.

Seit der Erbauung wurden kaum bauliche Veränderungen vorgenommen. Durch einen Maureneinfall im 11. Jh. entstandene Zerstörungen wurden unter Isabella der Katholischen im 15. Jh. behoben. Den Platz der Herkulesstatue über dem höchsten Bogen nimmt jetzt eine christliche Skulptur ein, und in jüngster Zeit wurde oben im Aquädukt eine moderne Wasserleitung eingebaut. Dieses technische Glanzstück römischer Baukunst ist also seit fast 2000 Jahren in ständiger Benutzung!

Der **Alcázar,** Segovias romantische königliche Burg, steht an einer strategisch äußerst günstigen Stelle. Steil aufragend auf einem Felsen am Zusammenfluß zweier Flüsse, erlaubt sie den Blick über die Hochebene nach allen Seiten. Im 12. Jh. stand hier eine äußerst schlichte Burg. Sie wurde bereits im Mittelalter ausgebaut und erweitert und konnte so mehrmals den *Cortes,* dem Parlament, als Sitzungsort dienen. Heute mutet sie eher als ein Märchenschloß an. 1474 wurde Isabella die Katholische, die in Segovia erzogen worden war, im Alcázar als Königin von Kastilien gekrönt. Und Philipp II. heiratete hier 1570 Anna von Österreich, seine vierte Gemahlin.

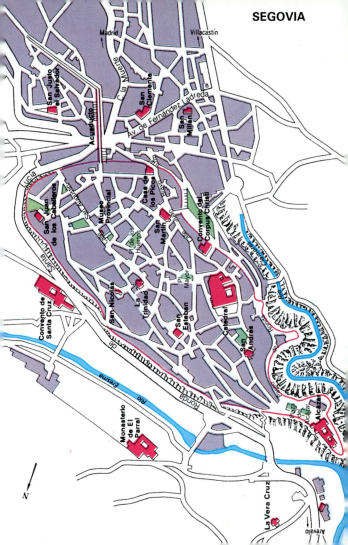

Madrid

Im 16. Jh. wurde der Turm, der nach König Johann II. benannt ist, als Kerker für politische Gefangene benützt. Die phantastischen und pittoresken Zinnen und Türmchen der Burg wurden nach einem Brand im Jahre 1862 restauriert.

Von einer Bank im Garten haben Sie eine wunderschöne Gesamtansicht von der ganzen Anlage. Von dort führt der Weg über die Zugbrücke zur Besichtigung der mit altem Mobiliar ausgestatteten königlichen Gemächer. Da ist der Thronsaal und der Pinienzapfensaal (der seinen Namen nach der Deckendekoration trägt); da sind die königlichen Schlafgemächer, die Kapelle und die Rüstkammer. Die Sicht von der Terrasse ist wahhaft »königlich« und sicherlich einen Blick wert.

Wo man sich auch befindet, die **Kathedrale** sieht von überall prachtvoll aus. Von fern hat man den Eindruck, die vielen Fialen und die Kuppeln gehörten zu mehreren Kirchen und nicht zu einer einzigen. Spaniens letzte große gotische Kathedrale wurde 1525 begonnen (aber erst 1768 geweiht). Sie ist so schön, daß sie die »Königin der Kathedralen« genannt wurde. Ursprünglich war diese »Königin« sogar noch imponierender, bevor nämlich ein Blitzschlag 1614 die Spitze des Glockenturms kappte. Durch die dann aufgesetzte Kuppel ist der ganze Turm um ein Zehntel kürzer geworden.

Das Kathedraleninnere mit seinen mächtig aufstrebenden, rutenbündelbesetzten Pfeilern erhält sein Licht durch wunderbar bemalte Glasfenster. Prachtvoll anzusehen sind zwei Orgeln aus dem 18. Jh. mit wuchtigen Pfeifen. Das wichtigste Stück einer der Seitenkapellen ist wohl eine *Piedad* (Beweinung Christi), eine farbige Holzplastik des Valencianers Juan de Juni.

An der Südseite der Kathedrale (rechts vom Eingang) befindet sich der schöne Kreuzgang. Er wurde im 16. Jh. fast Stein für Stein hierher geschafft und aufgebaut; das Material stammt vom Kreuzgang einer älteren Kathedrale, die zerstört worden war. Im danebenliegenden Diözesanmuseum und Kapitelhaus sind die Kunstgegenstände und Reliquien zu sehen, die für gewöhnlich im Kirchenschatz gezeigt werden. Doch darüber hinaus erwarten Sie auch Überraschungen: Gobelins aus dem 17. Jh. etwa oder der barocke Karren, auf dem die riesige Silbermonstranz bei der Fronleichnamsprozession durch die Straßen geschoben wird.

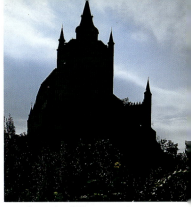

Segovia: Silhouette eines Märchenschlosses.

Hier liegt auch das Grab des Infanten Don Pedro, des Sohns Heinrichs II., an das sich eine traurige Geschichte aus dem 14. Jh. knüpft: Als die Kinderfrau mit dem Infanten von einem Fenster des Alcázar die Aussicht bewundern wollte, entglitt ihr das Kind und stürzte in den Abgrund. Die Amme zögerte nicht und sprang ihm in den Tod nach.

Ein paar Straßen gen Osten liegt Segovias schönster Platz mit der **St. Martinskirche** aus dem 12. Jh. Die prächtigen Portale und die beiden Säulenvorhallen sind beeindruckend. Bemerkenswert sind die schönen Steinskulpturen an den Säulenkapitellen.

Rund um die Plaza de San Martin stehen vornehme alte Patrizierhäuser im typischen Segovianer Stil. Der Platz senkt sich zur Calle de Juan Bravo, der hier als bannerschwingendes Standbild steht. Im 16. Jh. führten Juan Bravo in Segovia und Juan de Padilla in Toledo den *Comuneros*-Aufstand gegen Kaiser Karl V. an, bei dem mehrere spanische Städte u.a. gegen die ständige Abwesenheit des Herrschers und gegen die drückenden Steuern rebellierten. Der Aufstand mißglückte, die Anführer wurden enthauptet. Der wackere Bravo jedoch ist für die Segovianer heute »ihr« Held.

Madrid

An diesem Platz finden Sie auch primitive Steinskulpturen, die an Nilpferde erinnern. Es sind Figuren aus der Zeit der Keltiberer, der Bewohner Kastiliens zur Zeit der Eroberung durch die Römer.

Das Gebäude nebenan mit den schweren Eisengittern vor den Fenstern wurde im 17. Jh. als Gefängnis erbaut. Heute ist hier das **Provinzialmuseum** untergebracht. An den Hausfassaden findet man überall in der Stadt dreidimensionale Dekorationen, meist in geometrischen Formen. Als schönstes Beispiel dafür gilt die in der Nähe liegende Casa de los Picos, deren ganze Fassade aus pyramidenförmig herausragenden Steinquadern besteht.

Den größten Platz in Segovia, die **Plaza Mayor**, die von schönen alten Bauten – wie dem Rathaus aus dem 17. Jh. – umsäumt ist, belebt ein geschäftiges Treiben. An diesem langgestreckten Platz pflegen Einheimische und Touristen im Freien einen Kaffee zu sich zu nehmen.

Absolute Stille umfängt Sie dagegen im **Kloster El Parral**, das außerhalb der Stadtmauern, aber verhältnismäßig nah am Stadtkern liegt. Das Kloster wurde im 15. Jh. gegründet und wird gegenwärtig etappenweise restauriert, ebenso der gotische Kreuzgang. Beeindruckend ist der hohe Altaraufsatz aus dem 16. Jh. in der Klosterkirche.

Blick durch die romanischen Bogen der St. Martinskirche.

Sehenswertes

Auch die **Kirche Vera Cruz** sollte man gesehen haben. Es handelt sich um einen 12eckigen Bau unterhalb des Alcázar, den der Templerorden im frühen 13. Jh. nach dem Vorbild der Jerusalemer Grabeskirche in Auftrag gab. Das Kapelle der Kirche, die den Templern auch als Versammlungsort diente, ist zweigeschossig und von einem Seitenschiff umgeben. Der Johanniterorden, dem die Kirche jetzt seit Jahrhunderten gehört, ließ sie in den 50er Jahren restaurieren; aber sie sieht noch immer recht düster aus.

In Segovia gibt es so viel zu bestaunen, daß die Stadtmauern aus dem 11. Jh. mit der beachtlichen Länge von fast 2,5 km beinahe als zweitrangig erscheinen. Die Mauern sind nicht überall geradlinig, und hier und da machen sie noch immer einen kriegerischen Eindruck.

Avila 38 200 Einwohner *(112 km nordwestlich von Madrid)*

Avila sieht mit seinen berühmten Mauern und den vielen zinnenbewehrten Rundtürmen wie eine Stadt aus einem Ritterroman aus. Diese Mauern wurden kurz vor dem Jahre 1200 errichtet und boten der Stadt Schutz.

Schilder längs der Landstraße preisen Avila als den Ort mit den besten Stadtmauern der Welt *(la ciudad mejor amurallada del mundo)*. Das ist zweifellos richtig; aber Avila hat mehr zu bieten als diese 2,5 km Befestigungswall von durchschnittlich 12 m Höhe, mit 88 Türmen und ungefähr 2500 Nischen für Wachtposten und Schützen.

Besuchen Sie Madrid im Sommer, werden Sie die kühlere Bergluft Avilas zu schätzen wissen, das die höchstgelegene Provinzhauptstadt Spaniens ist (1130 m ü.d.M.).

Bevor das »neuzeitliche« Avila hinter seinen dicken Mauern erstand, war die Hochfläche von Keltiberern besiedelt. Diesen Ureinwohnern werden auch die plumpen Steinskulpturen von Stieren und Ebern zugeschrieben, die in der Stadt zu sehen sind.

Tag der Würdenträger in Avila: Die Prozession der hl. Theresa.

In der **Kathedrale** von Avila, die zwischen dem 12. und dem 16. Jh. entstand, finden sich Bauelemente aus Romanik, Gotik und Renaissance. Durch schön bemalte Glasfenster erscheint die Kirche in einem fast mystischen Licht. Das geschnitzte Chorgestühl mit Szenen aus dem Leben von Heiligen wird einem holländischen Meister, bekannt als Cornelio de Holanda, zugeschrieben.

Das große Altarbild wurde von Pedro Berruguete, Spaniens erstem großem Renaissancekünstler, begonnen, der jedoch 1503 vor der Vollendung starb. Das farbenprächtige Werk mit Szenen aus dem Leben Christi wurde später von Santos Cruz und Juan de Borgoña fertiggestellt. Hinter dem Chorrund befindet sich das prachtvoll gearbeitete Marmorgrabmal des Bischofs Alonso de Madrigal, dessen dunkle Hautfarbe ihm den Spitznamen *El Tostado* (Der Braungebrannte) eintrug. Dieses Grabmal aus dem 16. Jh. zeigt den Bischof in vollem Ornat, wobei selbst die Stickerei auf seinem Gewand naturgetreu nachgestaltet wurde.

Der Kathedrale angeschlossen ist ein Museum, in dem der Kirchenschatz mit Skulpturen, Gemälden und wertvollen Manuskripten gezeigt wird. Den Ehrenplatz nimmt eine mannshohe silberne Monstranz ein, deren kleine Glocken sogar läuten. Juan de Arfe stellte sie 1571 fertig.

Die **Basílica de San Vicente** liegt außerhalb der Stadtmauer und ist zwar wesentlich kleiner als die Kathedrale, aber kaum

Sehenswertes

weniger interessant. Das Gewände des Hauptportals hinter der Vorhalle der Westfassade zieren schlanke Apostelfiguren. Im Innern der Kirche befindet sich das sehr schöne romanische Grabmal des hl. Vinzenz und seiner beiden Schwestern, die im 4. Jh. als Märtyrer starben. In alter Zeit pflegten die Ritter die Hand auf diesen Sarkophag aus dem 12. Jh. zu legen, wenn sie ihr Gelübde taten. Reliefs rings um den Sarkophag berichten vom Martyrium der Geschwister. Im 15. Jh. wurde über dem Grabmal noch ein orientalisch wirkender Baldachin errichtet.

Das **Kloster Santo Tomé,** dessen Bau von dem Katholischen Königspaar gefördert wurde, umgibt eine traurige Geschichte. Mit 19 Jahren starb hier der einzige Sohn des Königspaars. Sein Grabmal aus weißem Marmor ist ein Werk des Florentiners Do-

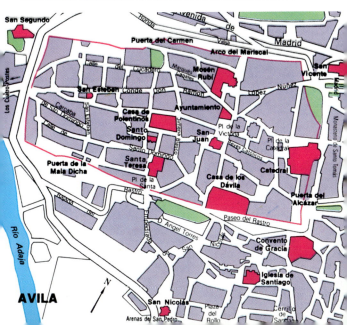

Madrid

menico Fancelli. In einer kleinen Kapelle in der Nähe liegen auch die beiden Prinzenerzieher begraben. Ein großes Altarbild mit Szenen aus dem Leben des hl. Thomas von Aquin (dem das Kloster geweiht ist), wurde von Pedro Berruguete gemalt. Am Hochchor an der Westseite lohnt es sich, die alten Steinstufen emporzusteigen und dort die Schnitzereien zu bewundern. Auffallend, wie auch andernorts im Kloster, das traditionsreiche Wappen der Könige: Doppeljoch und Pfeilbündel (das die Falange später als Emblem benutzte).

Das Kloster war auch Sitz des königlichen Beichtvaters und Beraters Tomás de Torquemada. Als erster Großinquisitor Spaniens war er fanatischer Initiator der Hexenjagden des 15. Jh.

Santo Tomé ist eine Klosteranlage mit drei zweigeschossigen Kreuzgängen. Durch den ersten, kleinen Kreuzgang kommt man in den Silentiumkreuzgang mit seinem Garten. Dahinter liegt

Ein Straßenhändler arangiert seine Ware.

Eine Szene direkt aus dem Mittelalter: die Stadtmauer von Avila.

Sehenswertes

dann der dritte Kreuzgang, der wie eine Art königliche Sommerresidenz ausgeführt ist.

Hier in den königlichen Räumen haben die Dominikaner ihr **Museum** für orientalische Kunst eingerichtet. Das ist gar nicht so abwegig, wie es zunächst klingen mag. Der Dominikanerorden leistet seit langem in Asien Missionsarbeit, und hier wurden die Kunstwerke zusammengetragen, die sich im Laufe der Zeit angesammelt haben.

Ein Mönch in weißer Tracht führt durch das Museum und weist auf besonders schöne Stücke hin: einen großen vietnamesischen Weihrauchkessel, chinesische Elfenbeinschnitzereien mit unglaublich feinen Details, ein japanisches Gefäß mit dem Abbild eines grimmigen Samurai, alte Bilder von Nepal, eine chinesische Glocke aus dem 5. Jh. v. Chr.

Neben den Mauern ist Avila für die hl. Teresa de Jesús, die hochverehrte Mystikerin, Reformerin und Klostergründerin, berühmt. Teresa de Cepeda y Ahumada kam 1515 in Avila zur Welt. Der Convento de Santa Teresa wurde dort errichtet, wo ihr Geburtshaus gestanden haben soll. Im **Convento de la Encarnación** außerhalb der Stadtmauern verbrachte sie 30 Jahre als Nonne und später Priorin. Zu erwähnen ist auch das Kloster San José, das Teresa im Jahre 1562 als erstes von 17 Karmeliterinnenklöstern gründete.

Wenn Sie Avila aus der Nähe gesehen haben – die kopfsteingepflasterten Straßen, die Adelshäuser, die Storchennester auf den Türmen –, fahren Sie über den Fluß, den Adaja, und gehen Sie zur Gedenkstätte **Los Cuatro Postes** hinauf. Das einfache Monument mit den Säulen (seine historische oder religiöse Bedeutung ist längst in Vergessenheit geraten) spielt nur eine nebensächliche Rolle. Schauen Sie von diesem Hügel zurück auf das mittelalterliche Avila. Nur von hier – oder vom Flugzeug aus – hat man die ganze Stadt im Blickfeld: Unter dem zartblauen Himmel Altkastiliens wirkt das mauerumgürtete, angriffssichere Avila wie eine verzauberte Märchenstadt.

Madrid

El Escorial *(49 km nordwestlich von Madrid)*

Das berühmteste Kloster Spaniens wurde neben dem Dörfchen Escorial (1030 m ü.d.M.) am Fuße des Guadarramagebirges gebaut. Im Sommer kommen Madrider, die der Hitze der Stadt entfliehen wollen, gerne hierher. Daher sind für einen Ort von 7000 Einwohnern Hotels und Restaurants recht zahlreich.

Der Escorial (Real Monasterio de San Lorenzo de El Escorial) ist mehr als ein Kloster, ein Palast – er ist eine ganze königliche Residenz, in der Wohntrakte, Kirche, Kloster, Mausoleum und Museum unter einem Dach liegen. Hier hat der italienische Renaissancestil seine spanische Variante gefunden, in der die ungeheure Macht und die geistige Kraft des Weltreiches noch einmal zum Ausdruck kommen.

Philipp II. befahl den Bau des Escorials als Dank für den Sieg über die Franzosen 1557 in der Schlacht von St. Quentin. 1598 starb Philipp II. hier und wurde in einer Familiengruft, die unter der Apsis der Basilika liegt, beigesetzt. Dieses Pantheon ist letzte Ruhestätte fast aller Könige, die Spanien während der letzten 400 Jahre regiert haben, sowie ihrer Familien.

Der ganze immense Komplex des Klosterpalastes wurde 1584 nach nur 21 Jahren Bauzeit fertiggestellt (mit Ausnahme des Pantheons). Die längste Fassade mißt 205 m; die Kuppel der Kirche ist über 90 m hoch. Die Gesamtanlage zählt 86 Treppen, 1200 Türen und 2600 Fenster. Doch Zahlenangaben können kaum verdeutlichen, welch tiefen Eindruck der Besucher bei einer Besichtigung bekommt.

Der erste Entwurf für den Escorial wurde von Juan Bautista de Toledo gemacht, der jedoch 4 Jahre nach Baubeginn starb. Sein Nachfolger, Juan de Herrera, wird als der größte spanische Baumeister seiner Zeit angesehen. Er leitete außerdem den Bau des Königlichen Palastes in Aranjuez und den Wiederaufbau des Alcázar von Toledo.

Man betritt die **Basilika** durch den Unteren Chor, der den Grundriß des eigentlichen Kirchenraumes vorwegnimmt, in dem vier mächtige Vierungspfeiler die Kuppel tragen. Im Hochchor beeindruckt das riesige Retabel aus rotem Marmor, grünem Jaspis und vergoldeter Bronze. Die 15 lebens- oder überlebensgroßen Statuen sind ein Werk des Mailänders Leone Leoni und seines Sohnes Pompeo. Sie schufen auch die Bronzegruppen zu beiden Seiten des Hochaltars, die (links) Karl V. und (rechts) Philipp II. mit ihren Familien zeigen.

Gläubige beim Anzünden von Kerzen in einer kleinen Dorfkirche bei Avila.

Der gewaltige Eindruck, den die Architektur und die künstlerische Ausgestaltung bei einem Besucher hinterlassen, versinnbildlicht etwas von dem religiösen Feuer, dem der königliche Bauherr hier Ausdruck geben wollte. Unter den 124 geschnitzten Sitzen des Chorgestühls war ein etwas breiterer für Philipp II. bestimmt. Besondere Beachtung verdient das lebensgroße Marmorkruzifix des Florentiners Benvenuto Cellini, das dieser für sein eigenes Grab vorgesehen haben soll.

Genau unter dem Hochchor liegt das **Pantheon der Könige.** In der Hauptgruft stehen in Nischen jeweils vier der gleich aussehenden Marmorsarkophage übereinander. Vergoldete Putten tragen Lampen, die ein mildes Licht auf die lateinischen Inschriften werfen. Von allen Königen Spaniens (Habsburger und Bourbonen) fehlen hier nur zwei: Philipp V. wurde in La Granja beigesetzt, Ferdinand VI. in Madrid.

Madrid

Die von Philipp II. begründete **Bibliothek** besitzt 40 000 herrliche alte Bände und Manuskripte von unschätzbarem Wert. Die Bücherregale aus seltenen Hölzern wurden vom Architekten Juan de Herrera selbst entworfen. Die Deckenfresken sind allegorische Darstellungen verschiedener Künste und Wissenschaften und eine Sehenswürdigkeit für sich. Da werden Grammatik, Rhetorik, Dialektik, Arithmetik, Geometrie, Musik, Astronomie, Philosophie und Theologie gepriesen.

Anschließend werden dem Besucher die **Bourbonengemächer** gezeigt. Hier ist ein Raum immer verschwenderischer ausgestattet als der andere. Beachten Sie Gobelins nach Entwürfen von Goya und Rubens.

Den aufsehenerregendsten Wandschmuck finden wir jedoch im **Saal der Schlachten.** Die Szene mit der Schlacht von Higueruela wurde nach Zeichnungen von Künstlern gemalt, welche die für die Spanier siegreiche Schlacht 1431 miterlebt hatten.

Die gegenüber dem Maskenhof (so genannt nach den Dekorationen von zwei Brunnen) liegenden **Gemächer Philipps II.** sind äußerst schlicht ausgestattet; doch hängen hier ein paar sehr schöne Gemälde: ein Triptychon von Hieronymus Bosch und religiöse Werke von deutschen, flämischen und italienischen Künstlern.

Im ganzen Escorial sind wertvolle Gemälde zu bewundern. Die **Neuen Museen** wurden hier eingerichtet, um die großen Werke, die Spaniens Herrscher einst gesammelt oder in Auftrag gegeben haben, besser zugänglich zu machen. In diesen prachtvollen Räumen sind Bilder von Bosch, Ribera, Tintoretto, Velázquez und Veronese zu sehen. Sogar ein halbes Dutzend El-Greco-Gemälde hängen hier, darunter ein Bildnis Philipps II. sowie das *Martirio de San Mauricio*, großartig in der Komposition und der Durchführung aller Details. Diese äußerst interessante und schöne Sammlung stellt eine wertvolle Ergänzung zum architektonischen Museum dar, das der Escorial selbst bildet.

Sehenswertes

Valle de los Caídos *(58 km nordwestlich von Madrid)*

In einem bewaldeten Tal im Zentrum Spaniens ließ Franco für die Opfer des Bürgerkrieges, die auf beiden Seiten gefallen sind (mehrere Hunderttausend), ein Ehrenmal errichten. Er wählte auch den Platz. 1975 wurde er hier im Tal der Gefallenen unter einer einfachen Steinplatte in der Felskirche beigesetzt. Nach offiziellen Angaben ist diese Kirche die größte Basilika, die es jemals gab. Sie wurde wie ein Tunnel aus der Gebirgsflanke herausgesprengt. Bekommt man trotzdem in der Kirche nicht das Gefühl, sich in einer Höhle zu befinden, so liegt das an der enormen Größe und der überraschenden Gestaltung des Kirchenraums.

Das steinerne Kreuz auf dem Felsen über der Basilika mißt 150 m; ein Seitenarm ist 46 m lang.

Vom Parkplatz mit Souvenirlädchen kommt man über eine Treppe zu einem riesigen freien Platz. Die mit Bogen versehene Fassade der Kirche nimmt die ganze Breite des Platzes ein. Der Stil der Anlage erinnert stark an die Kolossalbauten im Italien der 30er Jahre.

Im Innern der Kirche kann man sich der Raumwirkung nicht entziehen: das Schiff hat eine Länge von 262 m. Bemerkenswert schön sind acht große Wandteppiche in wundervollen Farben, die die *Apokalypse* darstellen. Sie wurden Mitte des 16. Jh. in Belgien aus Gold- und Silberfäden, Wolle und Seide gefertigt und von Philipp II. erworben.

Den Hochaltar schmückt ein bemaltes *Holzkruzifix*. (Das Holz zum Kreuz soll von einem Baum stammen, den Franco ausgewählt und gefällt hat.) Darüber schwebt eine Kuppel, deren Mosaiken spanische Heilige und Märtyrer darstellen.

Man kann diesen Kolossalstil des Tals der Gefallenen aus ästhetischen, künstlerischen, politischen, ja sogar religiösen Gründen ablehnen. Doch schwerlich wird man von der Raumwirkung der immensen Anlage unbeeindruckt bleiben.

Madrid

Aranjuez 39 000 Einwohner *(50 km südlich von Madrid)*

Das dunkle Wasser des Tajo, in dem sich die vornehmen Bauten von Aranjuez spiegeln, läßt hier feierliche Gärten grünen, bringt aber auch Spargel- und Erdbeer-Rekordernten hervor. Von April bis August und im September fährt die romantische Erdbeerbahn (*Tren de la Fresa*) samstags und sonntags um 10 Uhr vom Atocha-Bahnhof nach Aranjuez und kehrt am frühen Abend zurück.

Kommt man von Madrid und überquert die Brücke nach Aranjuez, fällt sofort die geometrische Anlage der Stadt auf. Der große Platz in Rechteckform wird an zwei seiner Seiten von Arkadenhäusern gesäumt und am Südende von der St.-Antons-Kirche.

Valle de los Caídos – Mahnmal zur Erinnerung an die Opfer des Bürgerkrieges.

Doch in Aranjuez hat angesichts der königlichen Gärten und Paläste alles andere nebensächliche Bedeutung. Schon seit Ferdinand und Isabellas Zeiten zogen sich Spaniens Könige hierher zurück, um der Sommerhitze der Hauptstadt zu entfliehen. Seit dem 18. Jh. stand ihnen dazu ein wunderschöner Sommerpalast zur Verfügung, der an Versailles erinnert. Mitte des 19. Jh. führten die Eisenbahnschienen direkt bis in den **Palacio Real**, den Königlichen Palast; später wurden sie wieder entfernt. Damals fand man das Dampfroß eben so beeindruckend, daß es für königliche Besucher ein großes Vergnügen war, dem Waggon am Fuß der Freitreppe zu entsteigen. Heute beginnen hier die Führungen. Gezeigt werden 22 Räume, genug, um einen Eindruck vom königlichen Geschmack in bezug auf die Ausstattung samt Möbeln, Gemälden, Skulpturen und Gobelins zu bekommen.

Thronsaal. Die Ausstattung ist sehr feierlich, mit Ausnahme der Louis-XVI-Sessel unter dem Thronbaldachin; sie sind für einen Thronsaal überraschend schlicht.

Porzellansaal. Dieser Raum erhielt eine außergewöhnliche Ausstattung. Die Dekorationen wurden 1760 für Karl III. von der Madrider Porzellanmanufaktur Buen Retiro hergestellt. Die Wände sind mit exotischen Porzellanfiguren bedeckt: einem japanischen Samurai, chinesischen Mandarinen, Affen und Vögeln. Sieben Spiegel, ein seltsamer Porzellan-Kronleuchter, eine runde Couch und ein schöner Marmorfußboden zaubern eine phantastische Atmosphäre.

> **Schilder:**
> *entrada* – Eingang
> *salida* – Ausgang

Rauchsalon. Ein Traum aus 1001 Nacht, bei dem der Saal der beiden Schwestern in der Alhambra von Granada Pate gestanden hat. Rote Damastsofas säumen die Wände des Raums (19. Jh.).

Chinesischer Salon. An den Wänden hängen hier dicht an dicht 200 kunstvolle Malereien auf Reispapier, Geschenk eines chinesischen Kaisers des vorigen Jahrhunderts. Der laternenartige Kronleuchter stammt aus Japan.

Mit einer (preisgünstigen) »Universaleintrittskarte« hat man Zutritt zu allen Palästen, Gärten und Museen. Das **Museum für höfische Kleidung** unten im Königlichen Palast zeigt Kopien von Kleidungsstücken, welche die Könige und Königinnen Spaniens vom 16. bis zum 20. Jh. getragen haben. Ein Saal ist den Uniformen von Hofbeamten gewidmet. In einem Kinderzimmer stehen Wiegen, Kinderbettchen und ein Schaukelpferd.

Im großen Jardín del Príncipe (Prinzengarten), nicht ganz 2 km vom Königlichen Palast entfernt, liegt die **Casita del Labrador**. Das ist keineswegs ein Bauernhaus, wie der Name glauben machen will, sondern ein hübsches Schlößchen, das bei Festen und Wochenendjagden benutzt wurde. Die Führung beginnt im Billardsaal, in dem ein riesiger Billardtisch steht.

In der **Statuengalerie** sind Büsten von Philosophen zu bewundern. Was in der Mitte des Raumes zunächst wie ein skurriler Springbrunnen aussieht, stellt sich bei näherem Hinsehen als verrückte Uhr von 1850 heraus, die Fontänen vortäuscht.

Der **Ballsaal** dürfte für knapp 200 Tänzer reichen. In ihrer Abwesenheit sind Tisch und Stuhl aus Malachit, ein Geschenk Zar Alexanders II. an Isabella II., eingezogen

Durch den **Platinraum**, der recht kostspielig ausgestattet ist, geht es zu des Königs Privattoilette, einem Thron aus Plüsch.

Im Prinzengarten ist auch die **Casa de Marinos** (Schifferhaus) zu finden. Dort wird gezeigt, was von der königlichen »Tajoflotte« übrig ist. Spaniens Herrscher ließen sich gern in ihren Galabarkassen den Fluß hinabrudern. Diese königlichen Boote sind nebst vergoldeten Gondeln im Schifferhaus ausgestellt.

Aranjuez ist auch seiner königlichen Gärten wegen berühmt. Die nach französischem Muster angelegten Gärten mit gestutzten Hecken, Skulpturen und Brunnen sind eine wahre Pracht.

Während der Saison finden Stierkämpfe direkt auf dem Hauptplatz in Chinchón statt.

Chinchón

Ein kleiner Abstecher führt von Aranjuez durch sanftes Hügelland nach Chinchón. Den Dorfplatz umstehen zwei- und dreigeschossige, weißgetünchte Häuser mit hölzernen Arkaden. Im Sommer finden auf diesem Dorfplatz Stierkämpfe statt. Chinchón ist für seine Anisliköre bekannt.

Außerdem wächst hier eine sehr geschätzte Knoblauchsorte, die man zu Sträußen gebunden kaufen kann. Überall sind große Tongefäße in Form von Bienenkörben zu sehen. Sie werden zum Lagern von Wein, aber auch zur Dekoration benutzt.

Drei weitere Schlösser

El Pardo, 15 km nordwestlich von Madrid, war 35 Jahre lang bis zu seinem Tod Francos Wohnsitz. Das Schloß wurde 1543 im Auftrag Karls V. erbaut und nach einem Brand im Jahre 1604 unter Philipp III. widerhergestellt. Am sehenswertesten dürfte hier die große Sammlung von Wandteppichen sein.

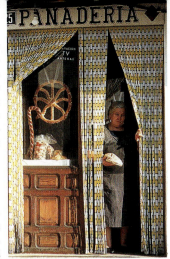

Lebendige Vergangenheit: Eine Bäckerei in Chinchón

La Granja de San Ildefonso liegt ungefähr 80 km nördlich von Madrid und ist ein großes Schloß inmitten berühmter französischer Gärten, deren Wasserspiele ein künstlicher See speist. Auch hier sind wunderbare Gobelins aus dem 16., 17. und 18. Jh. zu sehen. Der heutige Palast wurde im 18. Jh. für Philipp V. erbaut.

Riofrío, das etwa 85 km nördlich von Madrid und 10 km südlich von Segovia liegt, hat ebenfalls einen Palast aus dem 18. Jh., der recht bescheiden wirkt. In einem Teil des Palastes ist heute das **Museo de Caza** (Jagdmuseum) untergebracht. Die landschaftlich schön gelegene Straße zum Schloß führt durch den Wildpark (Hochwild). Bitte vorsichtig fahren! Die zahmen Rehe kommen ganz dicht heran.

Madrid

WAS UNTERNEHMEN WIR HEUTE?

EINKAUFSBUMMEL

Madrid verlockt zum Kaufen; man wähle die Koffer daher so groß, daß ein paar Mitbringsel bei der Heimkehr noch Platz haben.

> Waren, die mit *rebajas* gekennzeichnet sind, sind im Sonderangebot.

Alkohol. Preiswert sind besonders Weinbrand, *Jerez* (Sherry), Weine und viele der in Lizenz hergestellten Liköre.

Antiquitäten. Madrids *Rastro* (Flohmarkt) zieht auch die Sammler an. In der Nähe gibt es solidere Antiquitätengeschäfte.

Antiquarische Bücher. Eine Erstausgabe des *Don Quixote* ist kaum alle Tage zu finden; aber Sammler suchen in Madrid danach.

Capes. Traditionsbewußte *caballeros* tragen in Madrid das vornehm-traurige schwarze Cape.

Don-Quijote-Figuren und dergleichen sind in fast jedem Andenkenladen zu haben.

Fächer. Bemalt, aus Holz oder Elfenbein und Spitzen.

Gemälde. Unzählige Madrider Galerien verkaufen Werke zeitgenössischer spanischer Künstler.

Gemäldekopien. Gute und preiswerte Kopien berühmter Meister sind im Prado und in Geschäften zu haben.

Gitarren, Xylophone, Kastagnetten. Richtige (schlagbare) Kastagnetten aus edlem Holz können recht teuer sein; die billigen in Souvenirläden geben keinen klingenden Ton.

Glaswaren. Blaue, grüne oder gelbe Schalen, Gläser, Töpfe und Krüge aus Mallorca.

Handarbeiten. Typische Spitzenmantillas für festliche Anlässe; oder handgenähte Wäsche.

Herrenanzüge. Nach Maß, sofern man Zeit und Geld hat.

Hier werden Taschentücher, Servietten, Tischdecken oder Bettwäsche mit Stickereien verschönert.

Holzschnitzereien. Besonders Figuren von Rittern oder Helden aus der Vergangenheit Spaniens, aber auch eine große Anzahl von Heiligenfiguren werden angeboten.
Hüte. Ein Torero-Hut ist ein beliebtes Andenken – und kann zum Fasching vielleicht wiederverwendet werden.
Keramik. Krüge, Schalen, Kacheln. Jede Region Spaniens hat ihre bestimmten Formen, Farben und Muster.
Kindermode. Es gibt entzückende Modelle, die allerdings recht teuer sein können.
Kunstgewerbe. Eine Vielzahl sehr schöner kunstgewerblicher Arbeiten wird an verschiedenen Stellen in Madrid angeboten.
Lederwaren. Mäntel, Handschuhe, Brief- und Handtaschen.
Messer. Federmesser, Dolche und Degen aus Toledo, wo schon die Kreuzritter kauften.
Mode. Die spanische Mode besitzt auch international einen guten Ruf; sie ist im allgemeinen elegant und feminin.
Künstliche Perlen. In Mallorca hergestellt.
Porzellan aus Valencia. Figuren nach alten, traditionellen oder nach modernen Mustern.

Madrid

Schmiedeeisen. Das macht das Gepäck zwar schwer; aber schmiedeeiserne Lampen und Kerzenhalter sind sehr hübsch.

Schmuck. Von billigen Armbändern bis zu kostbaren Ketten.

Schuhe. Nicht unbedingt preiswert, doch findet man mitunter ausgesprochen geschmackvolle Modelle.

Stickereien. Schöne Taschentücher, Tisch- und Bettwäsche mit feinen Stickereien.

Strohtaschen, Korbwaren. Eine hübsche Tasche oder einen Korb für die vielen Mitbringsel?

Teppiche. Mit buntem Muster – von kleinen Vorlegern über Brücken bis zu großen Teppichen; auch handgewebt.

Toledaner Arbeiten. Ziselierte Messer, Scheren, Fingerhüte, Schmuck mit eingelegten Gold- und Silberfäden.

Trachtenpuppen. Entzückende Trachten aus jeder Region.

Turrón. Eine Süßigkeit; es gibt sie in vielen Varianten. Die eine würden wir Marzipan, die andere Nougat nennen.

In Madrid gibt es eine schier unerschöpfliche Auswahl an Kunstgewerbeartikeln.

Wo kauft man am besten?

Will man wissen, was der Spanier kauft, sollte man durch eines der großen Warenhäuser schlendern.

Kunstgewerbliche Arbeiten (vom Briefbeschwerer bis zum ganzen Harnisch) finden Sie in Artespaña-Geschäften, der offiziellen Verkaufskette für das Kunstgewerbe.

Viele der elegantesten Geschäfte (besonders der weltbekannten Namen) liegen in der Calle de Serrano und ihren Nebenstraßen.

Die Madrider Stierkampfarena, die Plaza Monumental in Las Ventas bietet 23 000 Zuschauern Platz.

Einkaufszeiten

Die Filialen der beiden größten Warenhäuser in Madrid (El Corte Inglés und Galerías Preciados) sind von 10 bis 21 Uhr und an einigen Sonntagen von 12 bis 20 Uhr durchgehend geöffnet. (Die sonntäglichen Öffnungszeiten sind auch in Spanien ein durchaus umstrittenes Thema.) Die meisten Geschäfte haben jedoch die üblichen Öffnungszeiten von 9.30 bis 13.30 Uhr und von 16 oder 17 bis 20 Uhr.

Touristenrabatte

Ausländische Besucher, die nicht einem Mitgliedsstaat der EU angehören, können sich die Mehrwertsteuer, die auf alle Waren erhoben wird, zurückerstatten lassen: Erster Schritt: Im Laden füllen Sie das entsprechende Formular aus (ein Exemplar bleibt

Ein richtiger Stierkämpfer hat erst einen Namen, nachdem er die Gunst und den Applaus der Madrider Zuschauer gewonnen hat.

dort, die drei übrigen benötigen Sie); zweiter Schritt: Bei der Ausreise übergeben Sie dem Zollbeamten diese Papiere; dritter Schritt: Der Verkäufer erhält ein Exemplar des vom Zoll visierten Formulars und überweist Ihnen daraufhin den Rabattbetrag.

KULTURELLE VERANSTALTUNGEN, NACHTLEBEN
Stierkampf

Madrid ist die Metropole des Stierkampfes. Ein Torero mag in der Provinz zu Ruhm gekommen sein, in Madrid jedoch muß er sein Können unter Beweis stellen und sich mit den Besten der Besten messen.

Ein Stierkampf ist bei weitem nicht jedermanns Sache. Im Laufe der letzten Jahre sind im restlichen Europa, aber auch in Spanien selbst die Gegner des Stierkampfes immer zahlreicher geworden und sie bringen ihre Proteste gegen die Tierquälerei

Was unternehmen wir heute?

oft lautstark zum Ausdruck. Dennoch wird der Stierkampf wohl auch in der entferneren Zukunft ein wesentlicher Teil der spanischen Kultur bleiben, denn er geht auf eine jahrhundertealte Tradition zurück.

Eine jede *Corrida* läuft nach einem bestimmten Ritus ab. Zu Beginn reizt der Matador den Stier mit einem gelb-roten großen Cape, dem *capote,* und weicht ihm dabei immer wieder mit geschickten Bewegungen aus, um ihn so zu ermüden. Danach beginnt das erste *tercio* (Drittel): Der *picador* zu Pferd reizt und sticht den Stier. Im zweiten *tercio* stoßen die *banderilleros* dem Stier Pfeile in die Schulter. Im dritten *tercio* reizt der Matador das Tier mit der dunkelroten *muleta* und ermüdet es zugleich durch elegantes Ausweichen (*pase*: Vorbeilassen), bis er es tötet.

Die Plaza Monumental in Las Ventas hat Plätze für 23000 Zuschauer. Man kann in der Sonne *(sol)* oder im Schatten *(sombra)* sitzen. Eine Eintrittskarte zu bekommen ist manchmal nicht ganz einfach. Meist kann der Hotelportier helfen – doch der Kartenverkäufer verlangt einen Auf-

***Mädchen im Flamenco-Kostüm (rechts).
Flamenco wird nicht nur
in den Nachtklubs getanzt. Es gibt
auch besondere Aufführungen (unten).***

Was die Unterhaltung betrifft, so steht der Flamenco nach dem Stierkampf an zweiter Stelle.

preis und für den Portier ist ein entsprechendes Trinkgeld angebracht. Viele Reisebüros veranstalten auch Nachmittagsausflüge.

Stierkämpfe gibt es häufig am Sonntagnachmittag. Während des San-Isidro-Festes im Mai gibt es jeden Tag Stierkämpfe über 2 Wochen lang. Auch dann sind Eintrittskarten nur schwer zu bekommen.

Flamenco

Hörte man früher »Spanien«, so dachte man gleich an Stierkampf und an Flamenco, Tanz begleitet von rhythmischen Gitarreklängen, Kastagnetten, hämmernden Absätzen und Gesängen, die aus der Seele steigen. Ursprünglich stammt der Flamenco allerdings aus Andalusien; viele andere Regionen haben ihre eigenen Tänze.

Madrids Flamenco-Lokale ziehen auch solche Touristen an, die sonst nie ein Nachtlokal betreten würden. Die schwermütigen Gesänge (in denen arabisches Erbe mitschwingen soll) und die mitreißenden Rhythmen schaffen eine Spannung, die geradezu elektrisierend wirkt.

Im wesentlichen wird zwischen zwei Arten von Gesang unterschieden: dem *cante chico* (dem fröhlichen, lebensfrohen und leichten) und dem *cante jondo* (in dem zerbrochene Liebesbande, Tod und andere Tragödien mit dem typisch kehligen, rauhen Ton besungen werden).

Was unternehmen wir heute?

Es heißt allgemein, in einem *tablao flamenco* in Madrid werde kein echter andalusischer Flamenco geboten. Das mag sein. Und doch ist auch das so schön, daß Sie einen solchen Abend und die Flamenco-Melodien schwerlich vergessen.

Madrid bei Nacht

Den Madridern, die gemeinhin als Europas Kurzschläfer bekannt sind, steht eine Vielzahl von Bars und Nachtlokalen zur Wahl. Es gibt Lokalitäten mit Tanz (oft Flamenco), Diskotheken mit lauter Musik, Intellektuellencafés, düstere und manchmal zwielichtigere Lokale mit Animierdamen, sogenannte englische Pubs und Bierhallen, Jazz- und Volksmusiklokale. Im Sommer laden die Straßencafés und Bars zum Entspannen und Zeitvertrödeln ein.

Folkloretänze spielen eine wesentliche Rolle in der Kultur von La Mancha, dem Land der tausend Windmühlen.

Madrid

Die Reisebüros organisieren Rundfahrten, bei denen eine Reihe von Lokalen mit ausgezeichneten Darbietungen besucht werden. Im Preis sind üblicherweise Abendessen und ein paar Getränke inbegriffen. Solch ein Bummel kann recht vergnüglich sein: Sie bekommen nicht nur einen Querschnitt durch Madrids Nachtleben zu sehen, sondern treffen auch nette Leute dabei.

Kasino. Madrids Gran Casino liegt an der N-VI, Richtung La Coruña, eine halbe Autostunde außerhalb der Stadt. In den eleganten Sälen wird von 17 bis 4 Uhr gespielt – amerikanisches und französisches Roulette, Blackjack und andere Nervenkitzel. Zwischendurch kann man sich in den hauseigenen Bars und Restaurants abkühlen oder stärken.

Konzerte, Oper. Freunde klassischer Musik können in Madrid die Konzertreihen der beiden großen Orchester der Stadt besuchen: des Staatsorchesters und des Spanischen Radio- und Fernseh-Orchesters. Ferner gibt es regelmäßig Ballett- und Opernaufführungen.

Zarzuela. Diese typisch spanische Form des Singspiels wird in Madrid seit Ende des 19. Jh., heute allerdings immer weniger gepflegt. Es gibt Zarzuelas mit lustiger oder mit ernster Handlung.

Filme. Fast alle in den Kinos gezeigten Filme sind synchronisiert. Einige wenige Kinos in Madrid zeigen ausländi-sche Filme in der Originalversion mit spanischen Untertiteln.

Theater. Spanien besitzt eine alte und ruhmreiche Theatertradition. In einer Vielzahl von Theatern in Madrid werden die Werke klassischer und zeitgenössischer Autoren gespielt, und zwar aus Spanien und aus dem Ausland; meist finden zwei Aufführungen pro Abend statt. Das Sommertheater *La Corrala* ist dabei ganz besonders zu empfehlen.

Fiestas. Eine Fiesta in einer Stadt oder einem kleinen Dorf in Spanien ist für Auge und Gemüt ein einmaliges Erlebnis. Soll-

Veranstaltungskalender

Wenn Sie Ihre Unternehmungen planen, ist es auch durchaus empfehlenswert, die Termine der aktuellen regionalen Veranstaltungen beim örtlichen Touristenbüro zu erfragen.

Februar

- *Zamarramala*, Provinz Segovia. Santa-Agueda-Fest, mit Kostümen aus Mittelalter und Römerzeit.

März

- *Illescas*, Provinz Toledo, Jahrmarkt und Stierkämpfe während der Fiesta del Milagro de la Virgen de Caridad.

März/April

- *Karwoche*. In jedem Ort finden eindrucksvolle Prozessionen statt. In Städten mit berühmten Kathedralen (wie Toledo und Segovia) wird Ihnen das Schauspiel unvergeßlich bleiben.

- *Cuenca*, 165 km südöstlich von Madrid, ist für seine Prozessionen und seine Kirchenmusikwoche bekannt.

Mai

- *Madrid*. Fiestas de San Isidro Labrador (Schutzpatron Madrids). Über 2 Wochen lang finden Feste und Feiern statt, mit Spielen, Wettkämpfen, Konzerten, täglichen Corridas.

Juni

- *Toledo*. Am Fronleichnamstag führt der Primas von Spanien eine feierliche Prozession durch die mittelalterlichen Gassen an.

  Camuñas, Provinz Toledo. Hier wird ein altes religiöses Spiel mit schönen Kostümen aufgeführt.

  Segovia. Fest zu Ehren von San Juan und San Pedro. Tänze, Stierkämpfe.

Juli

- *Avila*. Festival im Freien: Kunst, Theater, Sport, Corrida und Jahrmarkt.

August

- Der 15. August ist einer der wichtigsten Nationalfeiertage mit Veranstaltungen in vielen Städten.

September

- *Candeleda*, Provinz Avila. Pilgerfahrt zu Unserer Lieben Frau von Chilla, alte religiöse Bräuche sowie Tanz und Corridas.

Oktober

- *Avila*. Santa-Teresa-Woche. Jahrmarkt, Konzerte, Corridas.

  Consuegra, Provinz Toledo. Safranblütenfest im Windmühlenland La Mancha.

ten Sie gerade eines der großen, bekannten Feste miterleben, haben Sie Glück. Schauen Sie aber auf die Anschläge. (Siehe auch Veranstaltungskalender S. 89)

SPORT

Ein halbes Dutzend **Golfklubs** um Madrid sind das ganze Jahr über geöffnet. Die Gebühren schwanken je nach Klub. Es besteht die Möglichkeit, stundenweise Unterricht zu nehmen. Wollen Sie im voraus planen, bitten Sie die *Real Federación Española de Golf,* (Capitán Haya, 9, 28020 Madrid) um einen ausführlichen Prospekt (»Golf in Spanien«).

Für viele andere Sportarten gibt es ebenfalls Möglichkeiten in Madrid. Da sind **Tennis-** und **Poloplätze, Schwimmbäder, Kegel-** und **Reitbahnen.**

Jagen und Fischen

In der Nähe von Madrid geht man auf die Rebhuhnjagd. Dagegen sind die Wasservögel im Nationalpark bei Ciudad Real streng tabu. Auskünfte, welche Tiere gejagt werden dürfen, erhalten Sie durch die Federación Española de Caza, Calle de la Princesa, 24.

In den Flüssen in Madrids Umgebung schwimmen Forellen, Hechte, Barsche und Königskarpfen. Näheres über die Fischerei erfahren Sie durch die Federación Española de Pesca, Calle Navas de Tolosa 3, 28013 Madrid. Jagdscheine und Angelerlaubnis erteilt I.C.O.N.A., Calle de Jorge Juan, 39.

Skifahren

Von Dezember bis April ist das Guadarramagebirge im Norden von Madrid beliebtes Skigebiet Die Pisten und Einrichtungen sind ausgezeichnet. Ausrüstung kann gemietet werden. Die besten Einrichtungen hat Navacerrada, von Madrid mit Bus oder Auto zu erreichen (60 km). Der einzige Nachteil: an Wochenenden und Feiertagen sind die Pisten von Madridern übervölkert. In anderen Skigebieten in der Nähe von Madrid mag es leerer sein. Auskunft: Federación Española Deportes de Invierno, Infanta Maria Teresa, 14, 28016 Madrid.

Zuschauersport

Autorennen. Meisterschaftsrennen auf dem Jaramaring, an der Autobahn nach Burgos, 26 km nördlich von Madrid.

Hunderennen. Täglich im Canódromo Madrileño, Vía Carpetana, 57, Carabanchel.

Fußball ist zu Spaniens Sport Nr. 1 geworden. Real Madrid spielt im Stadion Santiago Bernabéu, Paseo de la Castellana, 140. Atlético Madrid kann man im Stadion Vicente Calderón zusehen, am Fluß im Südosten.

Pferderennen. Nachmittags gibt es Pferderennen im Hippodrom von La Zarzuela; an der Straße nach La Coruña, 7 km von Madrid.

Pelota. Das schnelle baskische Ballspiel, das auch *jai alai* genannt wird. Nachmittags im Frontón Madrid, Calle del Doctor Cortezo, 10.

Golfplätze können gegen eine Gebühr auch von Nichtmitgliedern benutzt werden.

Nachmittägliches Pferderennen im Hippodrom von La Zarzuela.

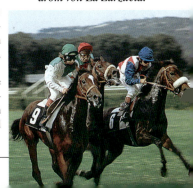

Madrid

Für Kinder

Casa de Campo. Hier gibt es ein großes Schwimmbad, auf dem See kann man segeln, der Zoo ist ultramodern ausgestattet und ein Rummelplatz sorgt für zusätzliche Unterhaltung. Nicht nur Kindern bereitet eine Fahrt mit der Seilbahn *(teleférico)* Freude. Steigen Sie am Paseo del Pintor Rosales ein und schweben Sie über die Stadt hinweg.
Parque del Retiro. Madrids Hauptpark. Hier gibt es besonders an Wochenenden viele Musikanten, Akrobaten, Clowns und andere Darbietungen. Der Haupteingang befindet sich an der Plaza de la Independencia.

Im Parque del Retiro kann man ein Ruderboot mieten oder den vielen Künstlern zuschauen.

ESSEN UND TRINKEN

Hungrige Touristen wie verwöhnte Feinschmecker werden in Madrid eine reiche Auswahl schmackhafter Gerichte zu vernünftigen Preisen finden. In Madrids Restaurants bekommen Sie alle Spezialitäten des Landes, in erster Linie natürlich die ausgezeichnete Madrider Küche. Und sollte es einen nach Pizza, nach Curry oder gar nach Sauerkraut gelüsten – es gibt auch ausländische Restaurants zur Genüge.

Essenszeiten

In Madrid ißt man später als irgendwo sonst im Land. Das Frühstück wird zwischen 8 und 10 Uhr serviert, doch das Mittagessen kaum vor 14 Uhr; es kann bis 16 oder 16.30 Uhr dauern. Ein Abendessen kann man um 21 Uhr zu bekommen versuchen; üblicherweise wird damit erst um 22 oder 22.30 Uhr begonnen. Der Tip zum Überleben: Stehkneipen und Cafés für zwischendurch.

Wo soll man essen?

Alle Restaurants in Spanien sind amtlich klassifiziert (mit Gabeln, nicht mit Sternen). Eine Gabel bedeutet die niedrigste Stufe, fünf die höchste. Die Einstufung wird jedoch nach dem Komfort, nicht nach der Qualität des Essens vorgenommen. Viele Gabeln an der Tür garantieren zwar saubere Tischwäsche, uniformierte Kellner und hohe Preise, doch garantieren nicht unbedingt für die bessere Küche.

> ¡*Buen provecho!*
> **Guten Appetit!**

    Spanische *Cafeterias* sind modern eingerichtet und servieren Schnellgerichte, meist an einer Theke.

    Tascas sind Kneipen, in denen es köstliche kleine Happen gibt, dazu Wein oder Bier.

    Cafés (fast durchgehend geöffnet) servieren Kaffee, sonstige Getränke und kleine Imbisse.

Besonderheiten

Menüs mit drei Gängen sind üblich. Selbstverständlich braucht man da nicht mitzuhalten. Die Küche wechselt natürlich von Region zu Region. Doch Spanier essen nicht scharf gewürzt. Pfeffer steht selten auf dem Tisch. Knoblauch wird häufig, aber in Maßen benutzt. Im Preis für das Tagesgedeck *(menú del dia)* ist alles inbegriffen, Steuern sowie Bedienung. Aber es ist üblich, ein Trinkgeld zu geben oder aufzurunden: 10% gelten allgemein als großzügig.

Tascas und Tapas

Tapas sind appetitliche Happen, *tasca* heißt die Stehkneipe, wo es sie gewöhnlich zu essen gibt. In Madrid gibt es ausgesprochen viele *tascas*, was die Stadt sicherlich um so anziehender macht. Eine *tasca* kann manchmal ganz leer sein – und im nächsten Augenblick supervoll; dann rufen die Kellner, häufen sich auf dem Boden die Abfälle, und der Lärmpegel steigt. Es gibt Schnecken, Pilze mit Knoblauch, gebratene Tintenfischringe, winzige Aale, Garnelen

Die Restaurants in der Madrider Altstadt haben ihre intime Atmosphähre bewahrt.

mit Knoblauch, gefüllte Oliven und vieles andere mehr. In den *tascas* sind die appetitlichen Happen wichtiger als das in kleinen Gläsern servierte Getränk. Und haben Sie keine Hemmungen, Ihre Garnelenschalen und Papierservietten einfach auf den Boden zu werfen. Das gehört hier dazu.

Kastilische Spezialitäten

Cocido madrileño ist sicher ein typisches Madrider Mahl, hat aber viel Ähnlichkeit mit den Eintöpfen anderer Gegenden. Die Mahlzeit beginnt meist mit der *sopa de cocido* (der Brühe, in der alles gekocht worden ist); dann kommt der *cocido* selbst: Rindfleisch, Schinken, Wurst, Kichererbsen, Kohl, Rüben, Zwiebeln, Knoblauch und Kartoffeln.

Die Namen der tapas brauchen Sie nicht zu kennen: Zeigen Sie dem Kellner einfach, was sie essen möchten.

Sopa Castellana ist eine überbackene Knoblauchsuppe. Im letzten Augenblick kommt ein rohes Ei dazu, das pochiert ist, wenn die Suppe auf den Tisch kommt.

Callos a la madrileña sind geschmorte Kaldaunen mit einer kräftigen dunklen Soße; in Madrid ein sehr beliebtes Gericht.

Besugo al horno. Meerbrasse, in einer Weinsoße serviert.

Cochinillo asado. Zartes, goldbraun gebratenes oder gegrilltes kastilisches Spanferkel.

Cordero asado. Lamm vom Grill, wird oft in einer Riesenportion serviert, die gut für zwei Personen ausreicht.

Spezialitäten aus anderen Regionen

Andalusien. *Gazpacho* ist der berühmte »flüssige Salat« – an einem heißen Sommertag überaus erfrischend: eine kalte, delikate Suppe, die man nach Belieben noch mit Tomaten-, Papika-, Gurken- und Zwiebelstückchen sowie mit gerösteten Brotwürfeln anreichern kann.

Live-Musik gibt es in Madrid in vielen Restaurants.

Valencia. Die bekannte *paella* hat ihren Namen von der Eisenpfanne, in der der Safranreis mit Tintenfisch, Wurst, Garnelen, Kaninchen- oder Hühnerfleisch, Muscheln, Zwiebeln, Paprikaschoten, Tomaten und Knoblauch gegart wird. Eine echte *paella* sollte bestellt werden.

Asturien. Unter *fabada* versteht man eine Variante des *cocido*.

Navarra. *Trucha a la navarra* ist Forelle vom Grill mit einer Scheibe Schinken gefüllt.

Galicien. *Caldo gallego*, eine ausgezeichnete Gemüsesuppe. Fast alle Madrider Restaurants bieten übrigens eine delikate Tagessuppe an (Gemüse-, Bohnen-, Linsen- oder Erbsensuppe).

Baskenland. Die baskische Küche ist zwar nicht nur wegen ihrer Fischgerichte bekannt, aber man versuche unbedingt *bacalao al pil pil* (Dorsch in heißer Knoblauchsoße), *merluza a la vasca* (Seehecht in dicker Soße, in der Kasserolle serviert) oder *angulas a la bilbaína* (Jungaal in heißer Soße aus Olivenöl und Knoblauch (mit der Holzgabel zu essen).

P.S.: Frühstück

Das Frühstück ist in Spanien die unbedeutendste Mahlzeit des Tages. Spanier bestellen in der nächsten Bar nur einen *café con*

Essen und Trinken

leche (halb Espresso, halb heiße Milch) und ein kleines Gebäckstück. Zum Frühstück sollten Sie *churros* probieren, eine Art Krapfen; oft kann man zusehen, wie der Teig mit einer Spritze ins siedende Öl geschossen wird. *Churros* muß man in den Kaffee tunken. Am Spätnachmittag oder am frühen Morgen werden *churros* gerne mit einer Tasse dickflüssiger, heißer Schokolade serviert.

Getränke

Sie brauchen kein Weinkenner zu sein, um den richtigen Wein zu bestellen. Die meisten Spanier bestellen einfach *vino*, und das bedeutet für den Kellner: *Rotwein*. Dieser – oft etwas gekühlte – Hauswein paßt zu allem. Ein bekanntes Weinanbaugebiet im Süden von Madrid ist Valdepeñas. In einem galizischen Restaurant sollte man einen Ribeira probieren, schweren Rot- oder Weißwein. In baskischen Gaststätten sollte man nach *txacoli* (Sekt) fragen. Ein zu Recht beliebter Rotwein ist der Rioja aus dem oberen Ebrotal.

¡*A su salud!* – Prost!

In vielen Bars gibt es auch eine große Auswahl köstlicher Imbisse, vorwiegend Meeresfrüchte.

Madrid

Als Aperitif- und Dessertwein ist der Sherry aus Jerez de la Frontera weltbekannt. Zum Aperitif empfiehlt sich ein *fino*, nach dem Essen ein *oloroso*.

Sangría wird ein erfrischendes sommerliches Getränk genannt – eine Art Bowle aus Rotwein, Apfelsinen- und Zitronensaft, Selterwasser, Weinbrand, Obst- und Eisstückchen.

Spanisches Bier *(cerveza)* ist gut und billig und wird meist recht kalt serviert.

Spanien ist ein Paradies für Freunde von Likör und anderen starken Getränken. Viele ausländische Marken werden in Spanien in Lizenz hergestellt und kosten sehr wenig. Dagegen ist eingeführter Whisky extrem teuer.

Dem spanischen Weinbrand fehlt der leicht seifige Geschmack des französischen Kognak. Vielen schmeckt er deshalb sogar besser. Er ist sehr billig.

Spanischer *cava* – Sekt oder Schaumwein – ist ebenfalls billig. Trinken Sie lieber ein alkoholfreies Getränk? Das Angebot, an ausgezeichneten, meist frisch gepreßten Fruchtsäften und Mineralwässern, ist groß.

Auslage einer Bäckerei in Madrid: die richtige Torte zu jeder Gelegenheit.

Was man auch unbedingt einmal probieren sollte, ist *horchata de chufa*, eine süße weiße Erdmandelmilch, die immer eiskalt serviert und mit Strohhalm getrunken wird. In vielen Cafés ist dieses Getränk in kleinen Flaschen erhältlich; richtige Kenner trinken sie jedoch in einer *horchatería*, wo das durstlöschende Getränk ständig frisch hergestellt wird.

INDEX

Alcázar 11-14, 39, 55-56, 61-62, 65, 67, 72
Alt-Madrid 18, 22
Aranjuez 72, 76, 78
Avila 10, 67-68, 70-71, 73, 89
Ayuntamiento 14, 21

Basílica de San Francisco el Grande 23
Basílica de San Vicente 68
Bolsa de Comercio 25
Bosch, Hieronymus 35, 43, 74
Bourbonengemächer 74

Calderón de la Barca, Pedro 20
Calle de Alcalá 25-26
Calle de Claudio Moyano 25
Calle de la Princesa 30, 90
Camuñas 89
Candeleda 89
Capilla del Obispo 23
Casa de Campo 50, 92
Casa de Cisneros 21
Casa de Marinos 78
Casita del Labrador 77
Casón del Buen Retiro 43
Centro de Arte Reina Sofía 23, 43-44
Cervantes y Saavedra, Miguel de 14-15, 48, 56, 59

Chinchón 78-79
Chinesischer Salon 77
Ciudad Universitaria 16, 44, 46, 50
Congreso de los Diputados 49
Consuegra 89
Convento de la Encarnación 44, 71
Convento de las Descalzas Reales 27
Cybele-Springbrunnen 22

da Vinci, Leonardo 43
Dalí, Salvador 43
Don-Quijote-Figuren 80

El Escorial 72
El Greco 10, 30, 32, 35, 38, 41, 43-44, 56-58, 61
El-Greco-Haus 58
El Pardo 79
Ermita de San Antonio de la Florida 45

Fábrica Nacional de Moneda y Timbre 47
Fiestas 88-89
Flamenco 85-87

Gasparini-Saal 41
Gemächer Philipps II 74
Gemäldemuseum 31, 41

99

Goya, Francisco de 15, 23, 26, 30, 34-35, 38, 41, 43, 46, 55, 74
Gran Vía 26-27, 30
Granja de San Ildefonso 79
Gris, Juan 43

Halle der Hellebardiere 40
Hippodrom 91
Hospital de la Santa Cruz 56
Hospital de la Virgen de la Caridad 61
Hospital de Tavera 60

Illescas 61, 89
Italienische Malerei 37

Kasino 88
Kathedrale von Toledo 52-53
Kirche Santo Tomé 57
Kirche Vera Cruz 67
Kloster El Parral 66
Kloster Santo Tomé 69
Königliche Apotheke 41
Königliche Bibliothek 42
Königliche Palast 11, 14, 39-40
Königliche Waffensammlung 41

La Mancha 87, 89
Las Ventas 48, 83, 85
Lope de Vega 20, 49
Los Cuatro Postes 71

Miró, Joan 43, 44
Murillo, Bartolomé 34
Museo Arqueológico 45
Museo Cerralbo 44
Museo de América 46, 47
Museo de Caza 79
Museo de la Real Academia de Bellas Artes de San Fernando 26
Museo Lázaro Galdiano 42
Museo Municipal 48
Museo Nacional de Antropologia 44
Museo Nacional de Artes Decorativas 46
Museo Naval 47
Museo Romántico 46
Museo Sorolla 44
Museo Taurino 48
Museum für höfische Kleidung 77

Niederländische und flämische Meister 35
Nuevos Ministerios 48

Palacio de Liria 30
Palacio Real 14, 39, 76
Pantheon der Könige 73
Parque Casa de Campo 50
Parque del Retiro 49, 92
Paseo de la Castellana 48, 91
Picasso, Pablo 43
Platinraum 78

Plaza de Colón 47-49
Plaza de España 14, 26-27, 30
Plaza de la Cibeles 23, 47
Plaza de Zocodover 56
Plaza del Callao 27
Plaza Mayor 14, 20-21, 25, 66
Plaza Monumental 48, 83, 85
Porzellansaal 77
Prado 7, 26, 30-35, 37-38, 42-43, 49, 80
Präkolumbianische Kunst 47
Provinzialmuseum 66
Prozession der hl. Theresa 68
Puente de Segovia 49
Puerta de Alcalá 49
Puerta del Sol 19-20

Raffael 37
Rastro 23-25, 46, 80
Real Fábrica de Tapices 46
Real Jardín Botánico 49
Ribera, José 33
Riofrío 79
Römischer Aquädukt 61-62
Rubens, Peter Paul 36

San Isidro 22, 25, 89
San Juan de los Reyes 60
Segovia 10, 13, 36, 49, 61-62, 65-67, 79, 89
Sephardi-Museum 59
Sinagoga de Santa María la Blanca 59

Sinagoga del Tránsito 58
Spanische Malerei 32
St. Martinskirche 65, 66
Stadtmauer von Avila 70
Statuengalerie 78
Stierkampf 84-86

Templo Egipcio de Debod 46
Tesoro 55
Thronsaal 41, 64, 77
Thyssen Bornemisza Museum 42
Tintoretto 37, 74
Tirso de Molina 20
Tizian 27, 37, 42, 44, 55, 61
Toledo 7, 10-13, 22, 32, 38, 50, 52-53, 55-59, 61, 65, 72, 81, 89

Valle de los Caídos 10, 17, 75, 76
van der Weyden, Rogier 35
Velázquez, Diego 26, 33-34, 38, 41, 55, 74

Zamarramala 89
Zarzuela 91
Zentrum von Madrid 23
Zurbarán, Francisco de 33

Madrid

PRAKTISCHE HINWEISE VON A-Z

- **A** Anreise 103
  Ärztliche Hilfe 105
  Autofahren 106
  Autoverleih 108
- **B** Babysitter 109
- **C** Camping 109
- **D** Diebstahl/
  Verbrechen 110
- **F** Feiertage 110
  Flughafen 110
  Foto/Video 111
  Fremdenführer/
  Dolmetscher 112
  Fremdenverkehrs-
  ämter 112
  Friseur 113
  Fundsachen 113
- **G** Geldangelegen-
  heiten 113
- **H** Hotels/
  Unterkünfte 116
- **K** Karten/Pläne 117
  Klima/Kleidung 118
  Konsulate/
  Botschaften 118
- **M** Medien 119
- **N** Notfälle 119
- **O** Öffentliche
  Verkehrsmittel 120
  Öffnungszeiten 121
- **P** Polizei 122
  Post/Telefon/
  Telegramme 122
- **R** Reklamationen 124
  Religion 124
- **S** Sprache 124
  Stromspannung 125
- **T** Toiletten 125
  Trinkgelder 126
- **U** Umgangsformen 126
- **W** Wäscherei/
  Reinigung 127
  Wasser 127
- **Z** Zeitunterschied 128
  Zigaretten, Zigarren,
  Tabak 128
  Zoll/Paß-
  formalitäten 128

Praktische Hinweise

ANREISE

Nach den zahlreichen möglichen Wegen, auf denen Sie nach Madrid gelangen, erkundigen Sie sich am besten je nach Wahl des Verkehrsmittels bei einem Reisebüro, einem Automobilklub, einer Fluggesellschaft oder dem nächsten spanischen Fremdenverkehrsamt (siehe S.112). Achten Sie auf die vielfältigen Sonderangebote der Reiseveranstalter, vor allem die preisgünstigen Wochenendpauschalen.

MIT DEM FLUGZEUG

Von vielen Flughäfen im deutschsprachigen Raum können Sie mindestens einmal täglich direkt nach Madrid fliegen. Die Flugzeit beträgt zwischen 2 und 3 Stunden.

Im Labyrinth der Vergünstigungen und Sondertarife finden sich heutzutage nur noch »echte Profis« zurecht; fragen Sie bei den Fluggesellschaften nach Arrangements mit freier Wahl von Ab- und Rückflugdatum, Aufenthaltsdauer und Unterkunft, nach Ermäßigungen für Kinder, Studenten, Senioren, nach Wochenendtarifen usw.

Wer Madrid und Umgebung auf eigene Faust im Auto erkunden möchte, ohne die lange Anreise auf den eigenen vier Rädern zurückzulegen, bucht am besten »Fly-and-Drive«; der Mietwagen steht am Flughafen bereit.

MIT AUTO ODER BUS

Schauen Sie sich die folgenden Entfernungen nach Madrid an und überlegen Sie sich genau, ob Sie die lange Anfahrt wirklich am Steuer Ihres Wagens zurücklegen wollen:

Berlin	2539 km	Wien	2874 km
Frankfurt	2217 km	Zürich	1875 km

Aus allen drei deutschsprachigen Ländern peilt man zuerst den französisch-spanischen Grenzübergang Le Perthus/La Junquera und anschließend Barcelona an. Bundesbürger gelangen am besten und schnellsten über Freiburg, Mühlhausen, Lyon, Nîmes und Perpignan

Madrid

dorthin, Österreicher über Norditalien, Genua und Marseille und Schweizer über Genf und Lyon. Von Barcelona geht es in Richtung Lérida, Zaragoza und Guadalajara nach Madrid. Während der Haupturlaubszeit müssen Sie mit Staus an den Grenzübergängen rechnen, und in Frankreich, Italien, der Schweiz *(Vignette)* und Spanien entrichtet man Autobahngebühren.

Busse. Mit dem *Europabus* gelangt man von Berlin, Hamburg, Frankfurt, München, Nürnberg und Stuttgart, immer via Kehl, nach Barcelona. Von dort aus haben Sie unmittelbar Anschluß nach Madrid. Die Busse der *Eurolines* fahren von Zürich via Lyon direkt nach Madrid.

Autoreisezüge. Von mehreren deutschen Städten verkehren während der Haupturlaubszeiten Autoreisezüge nach Avignon, Fréjus–St-Raphaël, Nizza und Narbonne in Südfrankreich, was zwar nicht der ganze, aber doch ein gutes Stück des langen Weges ist. Über Tarife, Abfahrtsorte und -zeiten geben die entsprechenden Stellen der Bundesbahn Auskunft.

MIT DER BAHN

Buchen Sie auf jeden Fall einen Liege- oder Schlafwagen, denn die Fahrt von Mitteleuropa nach Madrid läßt sich an einem Tag nicht bewältigen. Wegen der breiteren Spurweite in Spanien muß man an der Grenze fast immer umsteigen. Ab Paris hat man Anschluß nach Madrid mit dem »tren-hotel« (Zug-Hotel) Francisco de Goya (Fahrzeit etwa 11 Stunden). Ansonsten muß man in Irun umsteigen, wenn man nach Spanien fährt, und in Hendaye, wenn man nach Frankreich will.

Der *Inter-Rail-Pass* und der *Freedom-Pass* für Jugendliche unter 26 Jahren sind in Spanien gültig. Für Reisende über 26 Jahre gibt es den *Inter-Rail 26+ Pass,* der in 19 europäischen Ländern, einschließlich Spanien, gültig ist.

Da sich diese Angebote ständig ändern, sollte man sich auf jeden Fall bei der Deutschen Bundesbahn nach eventuellen Änderungen erkundigen.

RENFE spanische staatliche Eisenbahn. 1994 führte RENFE ein System ein, das den Kalender in rote (viel Verkehr), gelbe (mäßiger

Praktische Hinweise

Verkehr) und grüne (wenig Verkehr) Tage einteilt. Fahrpreise sind an roten Tagen am höchsten und an grünen Tagen am niedrigsten. Bei Langstreckenzügen richtet sich der Fahrpreis nach Entfernung und dem zu erwartenden Verkehrsvolumen: dementsprechend sind die Züge in *Valle* (sehr billig), *Punta* (mittelmäßig) und *Llano* (sehr teuer) eingeteilt.

ÄRZTLICHE HILFE *(Siehe auch* NOTFÄLLE*)*

Wenn Sie kranken- und unfallversichert sind, sollten Sie sich vor Reiseantritt einen Auslandskrankenschein besorgen, gegen den die spanische Vertragsgesellschaft Behandlungsgutscheine abgibt. Es empfiehlt sich außerdem, vor Antritt der Reise eine pauschale Reiseversicherung abzuschließen.

Für kleinere Behandlungen wenden Sie sich an die *practicantes* der nächsten Unfallstation *(casa de socorro)*. Schnelle Hilfe vermittelt der Hotelempfang oder sonst die nächste Polizeiwache.

Im Ausland erkrankte Urlauber können telefonisch einen Arzt um Rat fragen. Der Telefon-Arzt, unter der ADAC-Nummer München (089) 22 22 22 täglich von 8 bis 17 Uhr erreichbar, vermittelt den nächsten deutschsprechenden Arzt, nimmt gegebenenfalls Kontakt mit seinem ausländischen Kollegen auf und organisiert den eventuell notwendigen Rücktransport des Kranken.

Apotheken *(farmacia)* sind während der üblichen Geschäftszeiten geöffnet. In allen Stadtteilen gibt es Dienstapotheken, deren Namen und Adressen bei den anderen Apotheken angeschlagen und in den Zeitungen veröffentlicht werden.

Wo ist die nächste (Dienst-) Apotheke?	**¿Dónde está la farmacia (de guardia) más cercana?**
Ich brauche einen Arzt/Zahnarzt.	**Necesito un médico/un dentista.**
Krankenwagen/Krankenhaus	**una ambulancia/hospital**
Hier tut es mir weh.	**Me duele aquí.**
Fieber	**fiebre**
Magenbeschwerden	**molestias de estómago**
Sonnenbrand	**quemadura del sol**

Madrid

AUTOFAHREN

Es wird dringend empfohlen, einen Auslandschutzbrief mitzunehmen und eine Vollkasko-Versicherung abzuschließen. Falls Sie einen anderen Verkehrsteilnehmer verletzen, können Sie mit einer Kaution die Untersuchungshaft vermeiden. Erkundigen Sie sich bei Ihrer Versicherungsgesellschaft oder Ihrem Automobilklub.

Für Deutsche, Österreicher und Schweizer genügt der nationale Führerschein, der internationale kann bei Autoverleihfirmen und bei Schwierigkeiten mit der Polizei nützlich sein.

Das Nationalitätskennzeichen muß gut sichtbar am Wagenheck angebracht sein. Sicherheitsgurte (und deren Gebrauch) sowie das Mitführen des roten Warndreiecks sind ebenfalls Vorschrift. Motorradfahrer und deren Beifahrer müssen Sturzhelme tragen.

Straßenverkehr. Die Vorschriften entsprechen den in Mitteleuropa üblichen. Die Spanier benutzen die Hupe gern und oft, besonders auch beim Überholen.

Die Straßen sind in recht gutem Zustand und werden laufend verbessert. Achten Sie aber auf den unterschiedlichen Fahrstil, der oft dem eher draufgängerischen Temperament der Spanier entspricht. Die meisten Unfälle in Spanien passieren bei gefährlichen Überholmanövern. Spanische Lastwagenfahrer geben Ihnen meist mit der Hand oder dem rechten Blinker ein Zeichen, wenn Sie überholen können.

Geschwindigkeitsbeschränkung. Die Höchstgeschwindigkeit auf Autobahnen und auf Hauptstraßen mit zwei Spuren in der gleichen Richtung oder einer Kriechspur beträgt 120 km/h (für Autos mit Wohnwagen 80 km/h), auf anderen Straßen 100 km/h oder 90 km/h, in Ortschaften 50 km/h.

Autofahren in Madrid. Nervenzermürbende Verkehrsstauungen sind in der Hauptstadt alltäglich; während der Siesta (13.30 bis 14.30 Uhr) ist es gerade erträglich. Nachts ist das Verkehrsaufkommen zwar geringer, dafür sollte man allerdings den Zeitpunkt, zu dem die Nachtklubs schließen, möglichst meiden.

Praktische Hinweise

Pannen. Die Pannenhilfe ist in Madrid und Umgebung über die Telefonnummer 754 33 44 zu erreichen. Sie gehört zum spanischen Automobilklub RACE und gewährt Mitgliedern anderer Automobilklubs entsprechende Ermäßigungen.

Parken. Das eigentliche Autofahren in Madrid erscheint einem wie ein Kinderspiel, hat man erst einmal die Parkprobleme kennengelernt. In der Innenstadt und den nächsten Vororten legt man immer mehr »Anliegerparkzonen« an. Als »Auswärtiger« benötigt man da einen Parkschein, den man für viele Plätze im nächsten Tabakladen beziehen kann. Das Parken ist nicht teuer, aber die Parkdauer (höchstens 1 ½ Stunden) ist unterschiedlich. Es ist leider nicht immer ersichtlich, ob man sich in einer solchen Parkzone aufhält, und oft hilft nur die Frage an Passanten weiter. Fragen Sie auf jeden Fall, denn Parksünder werden ganz einfach mit der *grua* abgeschleppt.

Reparaturen. In Fremdenverkehrsgebieten muß man bei größeren Reparaturen mit einigen Tagen Wartezeit rechnen. Ersatzteile für die bekannteren Automodelle sind in der Regel leicht erhältlich.

Verkehrspolizei. Die Straßen werden von der mit schwarzen Motorrädern ausgerüsteten Ordnungspolizei *(Guardia Civil)* überwacht. Die immer zu zweit patrouillierenden Polizisten sind bei Schwierigkeiten hilfsbereit, Verkehrssündern gegenüber jedoch unnachsichtig.

Geldstrafen müssen meist an Ort und Stelle bar bezahlt werden. Die am häufigsten geahndeten Vergehen sind Überholen ohne Setzen des Blinkers (vorher *und* nachher), zu dichtes Aufschließen oder Fahren mit defekten Scheinwerfern. (In Spanien ist es Pflicht, immer Ersatzglühbirnen im Auto mitzuführen.)

Verkehrsunfälle. Siehe auch NOTFÄLLE. Bei einem Verkehrsunfall müssen Sie sich wenn irgend möglich zwei spanische (nicht ausländische!) Zeugen sichern und Ihre Haftpflichtversicherung sowie die spanische Korrespondenzgesellschaft sofort telegrafisch benachrichtigen. Verständigen Sie in ernsteren Fällen unbedingt auch Ihren Automobilklub und das nächste Konsulat Ihres Heimatlandes, und geben Sie am besten niemandem eine Schuldanerkennung.

Madrid

Verkehrszeichen. Sie entsprechen in den meisten Fällen der internationalen Norm, doch tragen einige davon eine spanische Aufschrift:

Aparcamiento	Parkplatz
Autopista (de peaje)	(gebührenpflichtige) Autobahn
Ceda el paso	Vorfahrt beachten
Cruce peligroso	Gefährliche Kreuzung
Despacio	Langsam fahren
Desviación	Umleitung
Peligro	Gefahr
Prohibido adelantar	Überholen verboten
Prohibido aparcar	Parken verboten
(internationaler) Führerschein	**carné de conducir (internacional)**
Wagenpapiere	**certificado de circulación**
grüne Versicherungskarte	**carta verde**
Darf man hier parken?	**¿Se puede aparcar aqui?**
Bitte mit Super volltanken.	**Llénelo, por favor, con super.**
Super/Bleifrei	**super/sin plomo**
Bitte kontrollieren Sie das Öl/ die Reifen/die Batterie.	**Por favor, controle el aceite/ los neumáticos/la bateria.**
Ich habe eine Panne.	**Mi coche se ha estropeado.**

AUTOVERLEIH *(coches de alquiler)*

Die meisten internationalen und einheimischen Mietwagenfirmen haben Büros in Madrid. Am Hotelempfang wird man Ihnen bei der Vermittlung behilflich sein. Das Gesetz verlangt einen internationalen Führerschein, in der Praxis genügt meist der nationale. Es besteht allerdings die Möglichkeit, daß sich die Polizei bei einer Kontrolle nicht damit zufrieden gibt. Der Fahrer muß mindestens 21 Jahre alt sein und seinen Führerschein seit sechs Monaten besitzen.

Falls Sie nicht im Besitz einer international bekannten Kreditkarte sind, müssen Sie bei Vertragsabschluß eine Kaution in Höhe der ungefähren Mietsumme bezahlen. Zur Gesamtsumme wird eine Verkehrssteuer hinzugerechnet. Die Preise auf S. 115 entsprechen denen der in-

Praktische Hinweise

ternationalen Agenturen (örtliche Firmen haben oft niedrigere Tarife) und enthalten Haftpflichtversicherung und Haftkaution (siehe AUTO-FAHREN), Vollkaskoversicherung und Benzin sind nicht inbegriffen.

Ich möchte (für morgen) ein Auto mieten.	**Quisiera alquilar un coche (para mañana).**
für einen Tag/eine Woche	**por un día/una semana**
Mit Vollkaskoversicherung, bitte.	**Haga el favor de incluir el seguro a todo riesgo.**

BABYSITTER *(canguro)*

Wenn Sie einen Babysitter brauchen, wenden Sie sich am besten an den Hotelempfang. Zwar haben die wenigsten Hotels angestellte Babysitter, doch wird man Ihnen auf jeden Fall eine verläßliche Person vermitteln.

Können Sie mir/uns für heute abend einen Babysitter besorgen?	**¿Puede conseguirme/conseguir nos una canguro para cuidar los niños esta noche?**

CAMPING *(camping)*

In einem Umkreis von ungefähr 50 km gibt es rund ein Dutzend offiziell anerkannter Camping- und Wohnwagenplätze, die jedoch nicht alle ganzjährig in Betrieb sind. Der Komfort ist unterschiedlich, die meisten haben aber Strom- und Wasserversorgung. Oft finden Sie auch Einkaufsmöglichkeiten und Kinderspielplätze und manchmal sogar Wäschereien und Restaurants.

Ein vollständiges Verzeichnis der Campingplätze erhalten Sie bei allen Vertretungen des offiziellen spanischen Fremdenverkehrsamtes. (Adressen siehe FREMDENVERKEHRSÄMTER). Sie können sich aber auch an den spanischen Campingverband wenden:
Federación Española de Campings, Gran Vía, 88, Madrid.

Dürfen wir hier zelten?	**¿Podemos acampar aquí?**

Madrid

D

DIEBSTAHL und VERBRECHEN

Achten Sie ständig auf Hand- und Brieftaschen, ganz besonders an Orten, wo viel Betrieb herrscht – beim Stierkampf, in Bussen und auf Märkten. Es könnte Sie sonst teuer zu stehen kommen (oder sogar gefährlich sein). Und lassen Sie möglichst gar kein Gepäck sichtbar im Wagen – sichtbare Gegenstände ziehen Autoknacker an.

Für die, die das Pech doch ereilt hat, gibt es mobile Polizeistationen – in einem Fahrzeug – neben dem Hauptpostamt an der Plaza de la Cibeles und in der Puerta del Sol, wo man Anzeige erstatten kann.

Ich möchte einen Diebstahl melden.	**Quiero denunciar un robo.**
Meine Fahrkarte/Handtasche/Brieftasche/mein Paß ist gestohlen worden	**Me han robado mi billete/mi bolso/mi cartera/mi pasaporte.**

F

FEIERTAGE *(fiesta)*

1. Januar	Año Nuevo	Neujahr
6. Januar	Epifanía	Dreikönigstag
19. März	San José	Hl. Joseph
1. Mai	Día del Trabajo	Tag der Arbeit
25 Juli	Santiago Apóstol	Hl. Jakob
15. August	Asuncíon	Mariä Himmelfahrt
12. Oktober	Día de la Hispanidad	Kolumbus-Tag
1. November	Todos los Santos	Allerheiligen
6. Dezember	Día de la Constitución Española	Verfassungstag
25. Dezember	Navidad	Weihnachten

Die beweglichen Feiertage heißen Víernes Santo (Karfreitag), Corpus Christi (Fronleichnam) und Immaculada Concepción (Mariä Empfängnis). Weitere Festtage sind in Madrid der 2. Mai sowie der 15. Mai, Tag des Schutzheiligen *San Isidro Labrador* (St. Isidor der Landmann), und der 9. November, *La Almudena*.

Praktische Hinweise

FLUGHAFEN *(aeropuerto)*

Der Flughafen Barajas liegt 14 km östlich von Madrid. Gepäckträger bringen Ihr Gepäck zu den Taxistandplätzen und Bushaltestellen. Gepäckwagen stehen zur Verfügung, dürfen aber nicht bis zum Parkplatz geschoben werden. Die vollklimatisierten Flughafenbusse fahren alle 10 Minuten zur Haltestelle in der Stadt, die sich unter der Plaza de Colon befindet. Die Fahrt dauert ungefähr 30–40 Minuten. Taxis sind am Flughafen ebenfalls reichlich vorhanden.

Die Flughafengebäude sind mit den üblichen Einrichtungen wie Auskunftsschalter für Touristen, Restaurants, Wechselstube, Niederlassungen von Autoverleihfirmen, Souvenirläden, Dutyfree-Shop, Postamt, Bahnkartenschalter, Telefonamt usw. ausgestattet.

Wo ist der Bus nach …?	**¿Dónde está el autobús para …?**

FOTO und VIDEO

Die meisten bekannten Film- und Videomarken und -formate sind in Spanien erhältlich, die Preise (auch für die Entwicklung) jedoch hoch. Es lohnt sich daher, einen gewissen Vorrat mitzunehmen. In einigen Kirchen und Museen ist das Fotografieren verboten. Wenn Sie Aufnahmen bei einem Stierkampf machen wollen, bedenken Sie, daß die Schatten auf dem Sand Ihre Fotos interessanter machen. Verwenden Sie bei starker Sonnenstrahlung einen Filter.

Fotogeschäfte in Madrid entwickeln und kopieren Schwarzweiß- und Farbfilme gewöhnlich innerhalb von ein oder zwei Tagen, für Dias kann es etwas länger dauern. Die im Flughafen verwendeten Röntgenstrahlen beschädigen gewöhnliche Filme nicht. Um sicher zu gehen, transportieren Sie sie in einem der eigens dafür hergestellten bleibeschichteten Beutel, die in jedem Fotogeschäft erhältlich sind.

Ich möchte einen Film für diese Kamera.	**Quisiera un carrete para esta máquina.**
ein Schwarzweißfilm	**un carrete en blanco y negro**
ein Farbfilm	**un carrete en color**
ein Diafilm	**un carrete de diapositivas**
ein 35-mm-Film	**un carrete treinta y cinco**

Madrid

FREMDENFÜHRER und DOLMETSCHER *(guia; intérprete)*

Fremdenführer und Dolmetscher für Besichtigungen oder Geschäftsverhandlungen können durch ein Fremdenverkehrsamt vermittelt werden, oder Sie wenden sich an die Asociación Profesional de Informadores Turisticos: Ferraz, 82; Tel. 542 12 14, Fax 541 12 21.

Wir möchten einen deutschsprachigen Fremdenführer.	**Queremos un guia que hable alemán.**
Ich brauche einen Dolmetscher für Deutsch.	**Necesito un intérprete de alemán.**

FREMDENVERKEHRSÄMTER *(oficinas de turismo)*

Folgende Niederlassungen des offiziellen spanischen Fremdenverkehrsamtes im Ausland werden Sie gerne beraten:

Frankfurt am Main: Spanisches Fremdenverkehrsamt, 60323 Frankfurt, Myliusstr. 14; Tel. (069) 72 50 33, 72 50 38.

Düsseldorf: Spanisches Fremdenverkehrsamt, 40237 Düsseldorf, Grafenberger Allee 100; Tel. (0211) 680 39 80, 680 39 81.

München: Spanisches Fremdenverkehrsamt, 80336 München, Schubertstr. 10; Tel. (089) 532 86 80.

Wien: Spanisches Fremdenverkehrsamt, 1010 Wien, Mahlerstraße 7; Tel. (01) 512 95 80.

Zürich: Spanisches Verkehrsbüro, 8008 Zürich, Seefeldstraße 19; Tel. (01) 252 79 31.

Informationsbüros für Touristen in Madrid:

Torre de Madrid (Plaza de España); Tel. 541 23 25

Calle Duque de Medicanelli, 2; Tel. 429 49 51

Flughafen Barajas; Tel. 305 86 56

Bahnhof Chamartin; Tel. 315 99 76

Plaza Mayor, 3; Tel. 366 54 77

Praktische Hinweise

In touristisch stark besuchten Gegenden helfen mehrsprachige Kenner dem ratlosen Besucher. Sie erkennen die guten Geister an ihren gelbblauen Uniformen mit einem »i« am Revers.

Wo ist das Fremdenverkehrsamt?	**¿Dónde está la oficina de turismo?**

FRISEUR

Damenfriseure heißen *peluquería*, Herrenfriseure *barbería*. Die Preise sind sehr unterschiedlich. Die meisten großen Hotels haben eigene Friseursalons, und der Standard ist im allgemeinen hoch.

Waschen und Legen, bitte.	**Quisiera lavado y marcado.**
Ich möchte …	**Quiero ...**
Haarschnitt	**un corte de pelo**
Fönwelle	**un modelado**
Dauerwelle	**una permanente**
Farbspülung	**un champú colorante**
Schneiden Sie nicht zu kurz.	**No me lo corte mucho.**
(Hier) etwas kürzer.	**Un poco más (aquí).**

FUNDSACHEN *(objetos perdidos)*

Versuchen Sie sich zu erinnern, wo Sie den Gegenstand vergessen oder verloren haben könnten. Fragen Sie auch im Hotel nach. Bringt dies keinen Erfolg, melden Sie den Verlust der Polizei.

Die zentrale Sammelstelle aller Fundsachen befindet sich an der Plaza Legazpi, 7, Tel. 588 43 46.

Ich habe meine Hand-/Brieftasche/meinen Paß verloren.	**He perdido mi bolso/cartera/pasaporte.**

GELDANGELEGENHEITEN

Währung. Währungseinheit ist die *peseta* (abgekürzt *pta.*).

Münzen: 1, 2, 5, 10, 25, 50, 100, 200 und 500 Peseten.

Banknoten: 1000, 2000, 5000 und 10 000 Peseten.

Madrid

Die 5-Peseten-Münze wird *duro* genannt. Wenn jemand von Ihnen 10 *duros* verlangt, meint er also 50 Peseten.

Banken. Öffnungszeiten: gewöhnlich Montag bis Freitag von 9 bis 14 Uhr und Samstag (Oktober bis April) 9 bis 13 Uhr. Manche Banken bleiben an Werktagen bis 16.30 Uhr geöffnet. Die Öffnungszeiten variieren, und manche Banken haben einen bis spätabends geöffneten Wechsel-Schalter.

Wechselstuben. Außerhalb der Schalterstunden der Banken können Sie auch in einem *cambio* (Wechselstube), am Bahnhof Chamartin, Gran Vía/Callao (durchgehend geöffnet) oder in ihrem Hotel Geld wechseln. Der Wechselkurs liegt allerdings meistens etwas höher als in den Banken. Sie sollten zum Geldwechseln immer Paß, Personalausweis oder Identitätskarte mitnehmen, da nur diese als Ausweis akzeptiert werden.

Kreditkarten: Alle international anerkannten Kreditkarten werden in Hotels, Restaurants und Geschäften als Zahlungsmittel angenommen.

Reiseschecks: Reisebüros, Geschäfte und Hotels in den Touristenzentren nehmen gern Reiseschecks; den besten Kurs erhalten Sie jedoch bei Banken und Wechselstuben.

Euroschecks: Diese Schecks werden fast überall angenommen.

Preise: In den letzten Jahren haben die Preise in Spanien stark angezogen und sind heute mit denen in jedem anderen Touristenzentrum vergleichbar. Die Inflationsrate liegt weiterhin enorm hoch, und Madrid ist heute als Urlaubsziel nicht mehr besonders preiswert (Siehe unten).

Mit soviel müssen Sie rechnen

Damit Sie einen Eindruck davon erhalten, mit wieviel Sie zu rechnen haben, geben wir hier einige Richtpreise in Peseten (Ptas.) an. Beachten Sie, daß es sich nur um ungefähre Angaben handeln kann und daß zu vielen Preisen noch 7% bzw. 15% Mehrwertsteuer (IVA) hinzukommt.

Praktische Hinweise

Autoverleih. *Seat Ibiza* Ptas. 9000 pro Tag, Ptas. 22 500 pro Woche, ohne km-Begrenzung. *Ford Escort* Ptas. 11 000 pro Tag, Ptas. 32 000 po Woche, ohne Kilometerbegrenzung. Zuzüglich 12% Steuer.

Babysitter. Ab Ptas. 1000 pro Stunde.

Flughafenverbindung. Zum Stadtzentrum mit dem Bus Ptas. 350, mit dem Taxi etwa Ptas. 2300.

Friseur. *Damen.* Haarschnitt, Waschen und Legen oder Föhnen Ptas. 3000–7000. *Herren.* Haarschnitt Ptas. 1500.

Hotels. (Doppelzimmer mit Bad pro Nacht) ***** Ptas. 35 000. **** Ptas. 18 000. *** Ptas. 10 000. ** Ptas. 6000. * Ptas. 5000. Zuzüglich 7% Steuer.

Jugendherbergen. Etwa Ptas. 950 pro Nacht (Ptas. 1300 für Besucher, die älter als 26 Jahre sind).

Lebensmittel. Brot Ptas. 50, Butter (250 g) Ptas. 455, Eier (Dutzend) Ptas. 200, Rindersteak (1 kg) Ptas. 1500, Instantkaffee (100 g) Ptas. 450, Fruchtsaft (1l) Ptas. 130, Flasche Wein ab Ptas. 250.

Mahlzeiten und Getränke. Frühstück Ptas. 200 (Frühstücksbuffet im Hotel Ptas. 900), *plato del día* (Tagesgericht) von Ptas. 1000 bis zirka 2000, Mittag- oder Abendessen in einem Mittelklasserestaurant Ptas. 3500, Flasche Wein ab Ptas. 250, Bier Ptas. 125, alkoholfreies Getränk ab Ptas. 180, spanischer Weinbrand Ptas. 350– 650, Kaffee Ptas. 125.

Museen. Ptas. 400–1000. Für Besucher aus EU-Staaten ist der Besuch beim Vorzeigen des Passes oft frei.

Unterhaltung. Kino Ptas. 500-700, Theater Ptas. 1200-1400, Diskothek Ptas. 1500, Nachtclub mit Flamenco Ptas. 800-2500, Stierkampf Ptas. 1000-12 000.

Ich möchte D-Mark/Schillinge/ Schweizer Franken wechseln.	**Quiero cambiar marcos alemanes/ chelines austriacos/francos suizos.**
Nehmen Sie Reiseschecks?	**¿Acepta usted cheques de viaje?**
Kann ich mit dieser Kreditkarte bezahlen?	**¿Puedo pagar con esta tarjeta de crédito?**

Madrid

HOTELS und ANDERE UNTERKÜNFTE *(hotel; alojamiento)*

Die staatliche Kontrolle über die Hotelpreise ist in Spanien seit einiger Zeit aufgehoben worden. In Madrid finden Sie vom einfachen, aber immer sauberen Zimmer in einer *pensión* bis zur luxuriösen Suite in einem 5-Sterne-Hotel Unterkünfte in allen Preisklassen. Am Flughafen Barajas, in den Bahnhöfen Chamartin und Atocha und im Torre de Madrid an der Plaza de España gibt es Hotel-Reservationsschalter. Bevor Sie Ihr Zimmer beziehen können, müssen Sie ein Formular unterschreiben, auf dem Hotelkategorie, Zimmernummer und Preis vermerkt sind. Bei der Anmeldung werden Sie wahrscheinlich Ihren Paß für eine kurze Zeit am Hotelempfang zurücklassen müssen, damit man das Anmeldeformular korrekt ausfüllen kann. Sie sind nicht verpflichtet, den Paß über Nacht abzugeben.

Hotels und Restaurants sind verpflichtet, offizielle Beschwerdeformulare *(hoja de reclamaciones)* vorrätig zu haben und bei Bedarf zur Verfügung zu stellen (siehe REKLAMATIONEN).

Andere Unterkünfte:

Hostal und **Hotel-Residencia.** Einfacher Gasthof, oft Familienbetrieb mit Sternen in Kategorien eingeteilt.

Pensión. Gästeheim mit wenig Komfort.

Fonda. Einfacher, sauberer Landgasthof.

Parador. Meist etwas außerhalb der Städte gelegenes, oft in alten, historischen Bauten untergebrachtes Gasthaus. Die Paradores sind staatlich geführt.

Jugendherbergen *(albergue de juventud).* Im Casa-de-Campo-Park ist das ganze Jahr über eine Jugendherberge in Betrieb. Normalerweise ist der Aufenthalt auf drei Nächte beschränkt, und es wird in jedem Fall ein Jugendherbergsausweis verlangt. Adressen und Auskünfte erhalten Sie beim *Instituto de Albergues Juveniles, Central de Reservas,* C. Alcalá, 31, 28014 Madrid; Tel. 580-4216, Fax 580-4215.

Praktische Hinweise

Ich möchte ein Einzel-/Doppelzimmer mit Bad/Dusche. Wieviel kostet es pro Nacht/Woche?   **Quisiera una habitación sencilla/doble con baño/ducha. ¿Cuál es el precio por noche/semana?**

K

KARTEN und PLÄNE

Straßenkarten werden von den meisten Tankstellen und Buchhandlungen verkauft. Am ausführlichsten ist der vom Ministerium für Öffentliche Arbeiten herausgegebene »Atlas von Spanien«. Außerdem erhalten Sie beim Fremdenverkehrsbüro nützliche Karten.

An Zeitungsständen finden Sie verschiedene Stadtpläne von Madrid, und in den Touristenbüros gibt es umsonst eine vom Patronato Municipal herausgegebene Karte. Der EMT (Madrider Verkehrsbetriebe) gibt eine Karte mit allen Busverbindungen heraus. Einen kleinen Metro-Plan erhalten Sie an allen Fahrkartenschaltern der Metro-Stationen.

Karten und Pläne in diesem Führer wurden vom Falk-Verlag, Hamburg, ausgearbeitet, der auch einen Stadtplan von Madrid herausgibt.

ein Stadtplan von …   **un plano de la ciudad de …**
eine Straßenkarte   **un mapa de carreteras**
dieser Gegend   **de esta comarca**

KLEIDUNG

Im Sommer ist es immer so heiß, daß Sie erst an den späten August- und Septemberabenden eine Jacke brauchen. Im Winter dagegen kann Madrid ungemütlich kalt sein; ein eisiger Wind beeinträchtigt das sonst angenehme Klima.

Beim Besuch von Kirchen sind Miniröcke, freie Schultern oder Shorts fehl am Platz. Einige Restaurants verlangen das Tragen einer Krawatte, und in der Oper muß man ein Jackett tragen.

Muß ich Jackett und Schlips tragen?   **¿Necesito chaqueta y corbata?**
Kann ich das tragen?   **¿Voy bien así?**

Madrid

KLIMA

Das Klima Madrids ist typisch kontinental, aber Sie sind sicher von zu Hause Schlimmeres gewohnt. Etwa von Mitte Juli bis Mitte August entfliehen die Madrilenen der Stadt. Im Frühjahr und im Herbst ist das Klima in ganz Kastilien mild und relativ trocken und Madrid am schönsten.

	J	F	M	A	M	J	J	A	S	O	N	D
Höchstwert	8	11	15	18	21	26	30	29	25	18	13	9
Niedrigstwert	1	2	5	7	10	14	18	17	14	9	5	2

KONSULATE und BOTSCHAFTEN *(consulado; embajada)*

Sollte Sie ernsthafte Schwierigkeiten haben (Verlust des Reisepasses oder Geldes, schwerer Unfall, Schwierigkeiten mit der Polizei), wenden Sie sich an die Vertretung Ihres Landes.

Deutschland: Calle de Fortuny, 8; Tel. 319 91 00, 319 91 50.

Österreich: Paseo de la Castellana, 91; Tel. 556 53 15

Schweiz: Calle de Núñez de Balboa, 35; Tel. 431 34 00.

Wo ist das deutsche/österreichische/ Schweizer Konsulat?	**¿Dónde está el consulado alemán/austriaco/suizo?**
Es ist sehr dringend.	**Es muy urgente.**

MEDIEN

Radio: In Spanien können auch einige deutschsprachige Sender empfangen werden, tagsüber am besten über Kurzwelle. Abends ist sogar der Mittelwellenempfang mit Transistor-Kofferradios ausgesprochen gut.

Praktische Hinweise

Zeitungen und Zeitschriften: In der Innenstadt sind die großen deutschsprachigen Zeitungen sowie Zeitschriften meist am Abend des Erscheinungstages oder spätestens am nächsten Morgen erhältlich.

Haben Sie deutschsprachige Zeitungen?	**¿Tienen periódicos en alemán?**

NOTFÄLLE (*urgencia*)

Wenn man Ihnen im Hotel nicht helfen kann, wählen Sie die Nummer des Polizeinotrufes: 091.

Andere wichtige Telefonnummern für den Notfall:

Feuer	080
Ambulanz	092
Unfälle (Stadtpolizei)	092

Nachstehend einige der wichtigsten Hilferufe, die Sie sich vielleicht für alle Fälle einprägen möchten:

Feuer	**Fuego**	Hilfe	**Socorro**
Halt	**Deténgase**	Polizei	**Policiá**
Haltet den Dieb	**Al ladrón**	Vorsicht	**Cuidado**

Ratschläge für verschiedene Notsituationen finden Sie unter ÄRZTLICHE HILFE, KONSULATE UND BOTSCHAFTEN, POLIZEI usw.

ÖFFENTLICHE VERKEHRSMITTEL

Bus (*autobús*). Das Netz des städtischen Transportunternehmens EMT umfaßt 90 Linien.

Die städtischen Busse verkehren zwischen 5.30 und 1.30 Uhr. Neben den roten Bussen gibt es gelbe, die nach und nach die alten ersetzen. Sie sind größer, klimatisiert und meist bequemer als die roten. Eine Mehrfahrtenkarte für zehn Fahrten (*Bono Bus*) mit den roten Bussen kann man an den EMT-Kiosken und in der Sparkasse (*Caja Madrid*) kaufen, im Bus sind sie etwas teurer.

Madrid

Untergrundbahn *(metro)*. Madrids U-Bahn ist schnell und billig. Ihr einziger Nachteil ist die enorme Hitze im Sommer. Auch für die Metro können Sie preisgünstige Zehnerfahrkarten *(Billete de diez viajes)* erstehen. Fragen Sie an der Station nach einer Karte der Metrolinien.

Taxi *(taxi)*. Die Buchstaben *SP* an der vorderen und hinteren Stoßstange eines Autos bedeuten nicht etwa Spanien, sondern *servicio público*. Madrids weiß lackierte Taxis erkennt man zudem an ihrem roten Streifen und blauem Schild. Ob ein Taxi frei ist, zeigt das Zeichen *libre* an.

Eisenbahn *(tren)*. Die drei Hauptbahnhöfe von Madrid sind: Chamartín (ganz in der Nähe des Paseo de la Castellana), Norte (gegenüber dem Campo del Moro) und Atocha (südlich vom Prado). Im allgemeinen sind die Zugverbindungen in die Umgegend weniger günstig als die der entsprechenden Buslinien. Die Züge auf den Hauptstrecken – wie *Talgo* und *Ter* – dagegen sind schnell und meist pünktlich. Für die meisten Züge Spaniens werden Platzreservierungen empfohlen.

Ein spezieller Dampfzug fährt nach Aranjuez und in mehrere andere alte Städte. Erkundigen Sie sich beim Fremdenverkehrsbüro über die genaueren Abfahrtszeiten.

EuroCity (EC)	Internationaler Expreßzug, 1. und 2. Klasse.
Talgo, Intercity	Bequeme EuroCity-ähnliche Züge, 1. und 2. Klasse mit Zuschlag
Expresso, Rápido, Tren Estrella	Schnellzug, der nur in größeren Orten hält, 1. und 2. Klasse
Omnibus, Tranvía Automotor	Lokalzüge, die in den meisten Bahnhöfen halten, gewöhnlich nur 2. Klasse
Auto Expreso	Autoreisezug
Coche cama	Schlafwagen mit 1-, 2- oder 3-Bett-Abteilen
Coche comedor	Speisewagen
Litera	Liegewagen

Praktische Hinweise

ÖFFNUNGSZEITEN. *Siehe auch* GELDANGELEGENHEITEN *und* POST, TELEGRAMME, TELEFON

Zwischen 13 oder 14 und 17 Uhr geht das Leben in Spanien einen langsameren Gang. Die meisten Geschäfte und Büros schließen während dieser mittäglichen Ruhepause; die großen Kaufhäuser und das Pradomuseum sind jedoch durchgehend geöffnet. Für eine Autofahrt durch Madrid sind die Siestastunden am besten geeignet.

Ämter: Im Sommer gewöhnlich von 8.30 bis 15 Uhr, im Winter von 9 bis 14 und 16.30 bis 19 Uhr. Erkundigen Sie sich aber sicherheitshalber vorher.

Fremdenverkehrsämter: Montag bis Freitag von 9 oder 10 bis 19 oder 20 Uhr. Samstag von 10 bis 13 Uhr.

Geschäfte: Montag bis Freitag von 9.30 bis 13.30 und von 16 oder 17 bis 20 Uhr, Samstag von 9.30 bis 14 Uhr; Warenhäuser sind meist durchgehend geöffnet, Montag bis Samstag von 10 bis 20 Uhr.

Museen: Die Öffnungszeiten ändern sich ständig, auch je nach Jahreszeit, aber die größeren Museen sind durchgehend geöffnet. Die meisten bleiben am Montag, am Sonntagnachmittag und an öffentlichen Feiertagen geschlossen. Ausnahmen: Reina Sofia ist dienstags geschlossen; das Wachsfigurenkabinett ist jeden Tag geöffnet, einschließlich Sonntag und Montag.

POLIZEI *(policia)*

Es gibt drei Polizeikorps in Spanien: die *Policia Municipal* (städtische Polizei), die der örtlichen Verwaltung untersteht und meistens blaue Uniformen trägt; das *Cuerpo Nacional de Policía*, eine bewaffnete Einheit, die für Gewaltverbrechen zuständig und an ihrer blauen Uniform zu erkennen ist; und die *Guardia Civil* (olivgrüne Uniform), die auch den Verkehr überwacht. Wenn Sie polizeiliche Hilfe brauchen, können Sie sich an jedes der drei Korps wenden.

Wo ist die nächste Polizeiwache? **¿Dónde está la comisaría más cercana?**

Madrid

POST, TELEGRAMME, TELEFON

Postamt (*Correos y Telégrafos*). Die Postämter sind meist von 9 bis 14 (oder 13) Uhr geöffnet.

Das Hauptpostamt von Madrid an der Plaza de la Cibeles, das man leicht mit einer Kirche verwechseln könnte, hat folgende Öffnungszeiten: *Briefmarkenverkauf*: wochentags von 8.30 bis 22 Uhr, samstags von 9 bis 20 Uhr und sonntags von 10 bis 13 Uhr. *Andere Postangelegenheiten* (z. B. Einzahlungen): wochentags von 9 bis 14 Uhr. Am Nachmittag kann (dringender) telegrafischer Zahlungsverkehr abgewickelt werden.

Der Schalter für postlagernde Sendungen, *lista de correos*, ist an Wochentagen von 9 bis 20 Uhr und am Samstag von 9 bis 14 Uhr geöffnet.

Postlagernde Sendungen. Wenn Sie Ihre genaue Anschrift vor der Abreise noch nicht kennen, können Sie sich Ihre Post postlagernd an das Hauptpostamt nachschicken lassen:

Lista de correos, Plaza de la Cibeles, Madrid, Spanien

Beim Abholen der Post müssen Sie sich ausweisen und für jeden Brief meist eine kleine Gebühr bezahlen.

Telefon (*teléfono*). Sie können von praktisch jeder öffentlichen Telefonkabine aus auch Auslandsgespräche führen: nehmen Sie den Hörer ab, warten Sie auf den Summton, wählen Sie 07, warten Sie wiederum auf das Rufzeichen und wählen Sie dann die gewünschte Nummer. In Hotels wird meist ein saftiger Zuschlag verlangt, gehen Sie also lieber zu einem von Madrids Haupttelefonämtern (*telefonicas*): Gran Via/Fuencarral (U-Bahn Gran Via) und Paseo de Recoletos 41 (U-Bahn Colón). Öffnungszeiten: Montag bis Samstag 9–24 Uhr, an Sonn- und Feiertagen von 10–24 Uhr.

Das Telefonzentrum des Hauptpostamtes (mit Telex und Fax) öffnet wochentags von 8 bis 24 Uhr und am Wochenende von 8 bis 22 Uhr. Einen nationalen und internationalen Telefondienst bieten auch einige der *Corte Inglés*-Geschäfte von 10 bis 21 Uhr an.

Telegramme. Sie können Ihr Telegramm bei jedem Postamt, aber auch rund um die Uhr telefonisch (Tel. 22 20 00) oder persönlich

Praktische Hinweise

beim Hauptpostamt aufgeben. Am Hotelempfang wird man Ihnen ebenfalls behilflich sein.

Wo ist das nächste Postamt, bitte?	**¿Dónde está la oficina de correos más cercana, por favor?**
Haben Sie für … Post erhalten?	**¿Ha recibido correo para …?**
Eine Briefmarke für diesen Brief/diese Postkarte, bitte.	**Por favor, un sello para esta carta/tarjeta.**
Expreß/Eilsendung	**urgente**
Luftpost	**vía aérea**
Einschreiben	**certificado**
Ich möchte ein Telegramm nach … aufgeben.	**Quisiera mandar un telegrama a …**

R

REKLAMATIONEN

Da der Fremdenverkehr für Spanien eine der wichtigsten Einnahmequellen darstellt, nimmt der Staat Beschwerden ausländischer Touristen sehr ernst. Legen Sie eine Beschwerde ein, so wird man Sie oft nach Ihrem Paß fragen.

Hotels und Restaurants. In jedem Hotel und Restaurant gibt es offizielle Beschwerdebücher *(libro de reclamaciones)*, die den Gästen auf Verlangen vorgelegt werden müssen. Füllen Sie das Formular aus und schicken Sie das oberste Blatt an den Servicio de Inspeccion, Direccion General de Turismo, Comunidad de Madrid, Principe de Vergara, 132 (Tel. 580 22 00). Eine Kopie behält der Betrieb, der zu dieser Beschwerde Anlaß gab, die andere dient für Sie als Beleg. Bei kleineren Problemen genügt meist schon die Frage nach dem Formular. Man sollte jedoch nur in wirklich begründeten Fällen davon Gebrauch machen, da Ruf und Lizenz des Unternehmers auf dem Spiel stehen.

Falls Sie sich einmal wirklich nicht mehr zu helfen wissen und auch die Polizei nicht rufen können, schreiben Sie direkt an:

Secretaría de Estado de Turismo, Sección de Inspección y Reclamaciones, Duque de Medinaceli, 2, Madrid.

Madrid

Schlechte Ware, Autoreparaturen. Neuere Gesetze schützen den Käufer. Es gibt öffentliche Informationsstellen, und es werden Kontrollen durchgeführt. Bei den üblichen Problemen von Touristen kann jedoch schon das Fremdenverkehrsbüro oder in schwereren Fällen die Polizei weiterhelfen.

RELIGION *(servicio religioso)*

Staatsreligion Spaniens ist der römisch-katholische Glaube, andere Glaubensrichtungen sind jedoch auch vertreten.

Messen in deutscher Sprache werden samstagabends und sonntags in der Capilla del Colegio Alemán, Calle de Concha Espina, 32, gehalten.

In der Deutschen Evangelischen Kirche *(Iglesia Evangélica Alemana)* am Paseo de la Castellana, 6, wird jeden Sonntag ein evangelischer Gottesdienst abgehalten.

Die Gottesdienstzeiten erfragen Sie am besten im Hotel oder beim Fremdenverkehrsbüro. Eine Synagoge befindet sich an der Calle de Balmes, 3.

Wann beginnt die Messe/der Gottesdienst?	**¿A qué hora es la misa/el culto?**
Ist sie auf deutsch?	**¿Es en alemán?**

SPRACHE

Nach Chinesisch und Englisch ist Spanisch die meistgesprochene Sprache der Welt. Das heute in Spanien gesprochene Spanisch *(español* oder *castellano)* hat sich aus der Sprache Kastiliens, also Zentralspaniens, entwickelt. Daneben werden in Spanien noch zwei andere Sprachen, nämlich Baskisch und Katalanisch, gesprochen sowie verschiedene Dialekte.

Als Tourist sollten Sie mit Deutsch, Französisch oder Englisch gut durchkommen, besonders in den internationalen Hotels und den auf Tourismus eingestellten Restaurants. Junge Spanier sprechen oft englisch, aber Sie sollten ein paar alltägliche Ausdrücke lernen.

Praktische Hinweise

Guten Morgen/Tag	**Buenos días**
Guten Nachmittag/Abend	**Buenas tardes**
Gute Nacht	**Buenas noches**
Bitte	**Por favor**
Danke	**Gracias**
Gern geschehen	**De nada**
Auf Wiedersehen	**Adiós**

SPANISCH FÜR DIE REISE von Berlitz und das BERLITZ-TASCHENWÖRTERBUCH SPANISCH-DEUTSCH/DEUTSCH-SPANISCH (mit einer Erläuterung der spanischen Speisekarte) vermitteln Ihnen den für die meisten Situationen ausreichenden Wortschatz.

Sprechen Sie Deutsch?	**¿Habla usted alemán?**
Ich spreche nicht Spanisch.	**No hablo español.**

STROMSPANNUNG *(corriente eléctrica)*

Die Regel ist eine Spannung von 220 Volt Wechselstrom, in älteren Gebäuden gibt es auch noch Steckdosen mit 125 Volt. Es empfiehlt sich, für Geräte mit Sicherheitsstecker einen Zwischenstecker mitzunehmen. Bei Schwierigkeiten wird man Ihnen am Hotelempfang einen *electricista* empfehlen.

Welche Spannung haben Sie – 125 oder 220 Volt?	**¿Cuál es el voltaje – cientoveinticinco (125) o doscientos veinte (220)?**
ein Zwischenstecker	**un adaptador**
eine Batterie	**una pila**

T

TOILETTEN

Die üblichsten Bezeichnungen für das stille Örtchen in Spanien sind *aseos* und *servicios*; mitunter werden auch *W.C., water* oder *retretes* verwendet.

Madrid

Fast alle Bars, Cafés und Restaurants haben Toiletten; es ist üblich, ein Getränk zu bestellen, wenn Sie sie benutzen wollen; tun Sie es nicht, riskieren Sie, das Personal zu verärgern. Toiletten befinden sich außerdem in den Bahnhöfen. Das Toilettenpersonal erwartet ein kleines Trinkgeld.

Wo sind die Toiletten?	**¿Dónde están los servicios?**

TRINKGELDER

In Hotels und Restaurants ist die Bedienung meistens inbegriffen, Trinkgelder werden nicht verlangt. Trotzdem ist es üblich, etwa dem Liftjungen, dem Tankwart und dem Platzanweiser im Kino oder beim Stierkampf ein kleines Trinkgeld zu geben. Die nachstehende Tabelle liefert einige Anhaltspunkte:

Hoteldiener	50 Peseten (z.B. pro Gepäckstück)
Zimmermädchen	100–200 Peseten (Sonderdienste)
Toilettenpersonal	25–50 Peseten
Kellner	5% (freiwillig)
Taxifahrer	5% (freiwillig)
Friseur	5%
Fremdenführer	5%

UMGANGSFORMEN

Spanier gelten im allgemeinen nicht zu Unrecht als ausgesprochen höflich, freundlich und hilfsbereit; sie unterhalten sich gerne mit Fremden und erweisen sich oft als außerordentlich großzügig. Selbstverständlich gibt es zu dieser Regel auch Ausnahmen.

Sicherlich werden Sie keinen keinen Augenblick daran zweifeln, daß Sie sich auf spanischem Boden befinden: Die Unterhaltungen werden in der Regel in einer beeindruckenden Lautstärke – unterstützt von lebhafter Gestik – geführt; doch was Sie im ersten Moment möglicherweise für einen Streit halten könnten, ist aller Wahr-

Praktische Hinweise

scheinlichkeit nach nur die aufgeregte Mitteilung der aktuellsten Neuigkeiten.

Der bekanntlich strenge spanische Sittenkodex wird in Madrid weniger ernst genommen als in den kleineren Städten. Wollen Sie Bekanntschaften machen, werden Sie bald herausfinden, daß sich Madrid von anderen europäischen Hauptstädten kaum unterscheidet.

Spanische Männer sprechen Ausländerinnen öfters mit überschwenglichen Komplimenten *(piropos)* an. Ton und Gestik mögen leidenschaftlich sein; wenn Sie aber einfach weitergehen, werden Sie bald wieder allein und in Frieden gelassen.

WÄSCHEREI und REINIGUNG *(lavanderia; tintoreria)*

Die meisten Hotels sorgen dafür, daß die Kleider ihrer Gäste gewaschen und gereinigt werden. Allerdings müssen Sie dafür mehr bezahlen, als wenn Sie Ihre Sachen selbst in eine Wäscherei oder Reinigung bringen. Es gibt in Madrid auch einige Selbstbedienungswäschereien *(launderama)*.

Wo ist die nächste Wäscherei/Reinigung?	¿Dónde está la lavandería/tintorería más cercana?
Ich möchte diese Kleidungsstücke reinigen/waschen lassen.	Quiero que limpien/laven esta ropa.
Wann ist es fertig?	¿Quándo estará listo?
Ich brauche es bis morgen früh.	Lo necesito para mañana por la mañana.

WASSER *(agua)*

Madrids Bergquellwasser ist heutzutage wegen des relativ starken Chlorgehalts nicht mehr so gut. Was den gesundheitlichen Aspekt betrifft, so können das Leitungswasser aber ohne weiteres trinken. Wenn Sie jedoch auf ungechlortes Wasser bestehen, so sollten Sie auch beim Bestellen in einem Restaurant oder einer Bar die Eiswürfel in Getränken ablehnen. Spanier trinken fast ausschließlich Mineralwasser, was vor allem während der Dürreperiode zu empfehlen ist.

Madrid

eine Flasche Mineralwasser mit/ ohne Kohlensäure	**una botella de agua mineral con/sin gas**

Z

ZEITUNTERSCHIED

Spanien hat die mitteleuropäische Zeit. Während der Sommermonate wird die Uhr – genau wie in Deutschland, Österreich und der Schweiz zur gleichen Zeit – um eine Stunde vorgestellt.

Wieviel Uhr ist es?	**¿Qué hora es?**

ZIGARETTEN, ZIGARREN, TABAK *(cigarrillos, puros, tabaco)*

Die Rechte der Nichtraucher haben sich weitgehend gegen das Recht auf die Zigarette durchgesetzt; in den meisten öffentlichen Einrichtungen in Spanien ist Rauchen verboten. Beachten Sie die entsprechenden Hinweise in Bussen, Kinos und Kaufhäusern!

Eine Schachtel… /Streichhölzer, bitte.	**Un paquete de… /Una caja de cerillas, por favor.**
mit/ohne Filter	**con/sin filtro**

ZOLL und PASSFORMALITÄTEN *(aduana)*

Staatsangehörige von Deutschland, Österreich und der Schweiz brauchen für die Einreise nach Spanien einen Paß oder Personalausweis bzw. eine Identitätskarte. Die normale Aufenthaltsdauer für Touristen beträgt drei Monate, für eine Verlängerung brauchen Sie einen Reisepaß.

> ## Hotelempfehlungen
>
> Wo fängt man an? Wenn man sich in einer Gegend nicht gut auskennt, ist es oft schwierig, ein Hotel oder Restaurant auszuwählen. Um Ihnen zu helfen, sich in der verwirrenden Vielfalt zurechtzufinden, haben wir eine Auswahl von empfehlenswerten Hotels und Restaurants in Madrid zusammengestellt.
>
> Unsere Kriterien waren (a) Preis und (b) Lage. Im Hotelteil gehen wir von einem Doppelzimmer mit Bad, aber ohne Frühstück aus.
>
> | | |
> |---|---|
> | ✪ | unter 13 000 ptas. |
> | ✪✪ | von 13 000 ptas bis 20 000 ptas. |
> | ✪✪✪ | über 20 000 ptas. |

Abeba ✪✪ *Alcántara 63, 28006 Madrid; Tel. 401-1650; Fax 402-7591.* Kein Restaurant, aber Imbisse erhältlich. 90 Zimmer.

Agumar ✪✪ *Paseo Reina Cristina 9, 28014 Madrid; Tel. 552-6900; Fax 433-6095.* Kein Restaurant. 245 Zimmer.

Aitana ✪✪ *Paseo de la Castellana 152, 28046 Madrid; Tel. 344-0068; Fax 457-0781.* 111 Zimmer.

Alcalá ✪✪✪ *Alcalá 66, 28009 Madrid; Tel. 435-1060; Fax 435-1105.* Baskisches Restaurant. 153 Zimmer.

Alexandra ✪ *San Bernado 29, 28015 Madrid; Tel. 542-0400; Fax 559-2825.* Kein Restaurant. 78 Zimmer.

Madrid

Amberes ✪ *Gran Vía 68, 28013 Madrid; Tel. 547-6100; Fax 547-6104.* Kein Restaurant. 44 Zimmer.

Anaco ✪ *Tres Cruces 3, 28013 Madrid; Tel. 522-4604; Fax 531-6484.* Kein Restaurant. 39 Zimmer.

Aramo ✪✪ *Paseo Santa Maria de la Cabeza 73, 28045 Madrid; Tel. 473-9111; Fax 473-9214.* 105 Zimmer.

Aristos ✪✪ *Avenida Pio XII-34, 28016 Madrid; Tel. 345-0450; Fax 345-1023.* Essen im Freien. El Chaflán Restaurant. 25 Zimmer.

Arosa ✪✪ *Salud 21, 28013 Madrid; Tel. 532-1600; Fax 531-3127.* Kein Restaurant. 139 Zimmer.

Atlántico ✪ *Gran Via 38, 28013 Madrid; Tel. 522-6480; Fax 531-0210.* Kein Restaurant. 80 Zimmer.

Bretón ✪✪ *Bretón de los Herreros 29, 28003 Madrid; Tel. 442-8300; Fax 441-3816.* Kein Restaurant. 56 Zimmer.

California ✪ *Gran Vía 38, 28013 Madrid. Tel. 522-4703; Fax 531-6101.* Kein Restaurant. 26 Zimmer.

Carlos V ✪✪ *Maestro Vitoria 5, 28013 Madrid; Tel. 531-4100; Fax 531-3761.* Kein Restaurant, aber Zimmerservice auf Wunsch. 67 Zimmer.

Carlton ✪✪✪ *Paseo de la Delicias 26, 28045 Madrid; Tel. 539-71 00; Fax 527-85 10;* 113 Zimmer.

Casón del Tormes ✪ *Rio 7, 28013 Madrid; Tel. 541-9746; Fax 541-1852.* Kein Restaurant. 63 Zimmer.

Hotelempfehlungen

Claridge ✪ *Paza del Conde de Casal 6, 28007 Madrid; Tel. 551-9400; Fax 501-0385.* Kein Restaurant, aber Imbisse erhältlich. 150 Zimmer.

Colón ✪✪ *Pez Volador 1-11, 28007 Madrid; Tel. 573-5900; Fax 573-0809.* Freiluftbad. Garten. 381 Zimmer.

Convención ✪✪ *O'Donnell 53, 28009 Madrid; Tel. 574-6400; Fax 574-5601.* Restaurant. 790 Zimmer.

Cortezo ✪ *Dr. Cortezo 3, 28012 Madrid; Tel. 369-0101; Fax 369-3774.* Kein Restaurant, aber Imbisse erhältlich. 90 Zimmer.

Don Diego ✪ *Velázquez 45-5° piso, 28001 Madrid; Tel. 437-0760; Fax 431-4263.* Kein Restaurant. 58 Zimmer.

El Coloso ✪✪ *Leganitos 13, 28013 Madrid; Tel. 559-7600; Fax 247-4968.* 84 Zimmer.

El Gran Atlanta ✪✪✪ *Comandante Zorita 34, 28020 Madrid; Tel. 553-5900; Fax 533 08 58.* Kein Restaurant. 180 Zimmer.

Emperador ✪✪ *Gran Vía 53, 28013 Madrid; Tel. 547-2800; Fax 547-2817.* Freiluftbad. Restaurant und Garten. 232 Zimmer.

Emperatriz ✪✪ *López de Hoyos 4, 28006 Madrid; Tel. 563-8088; Fax 563-9804.* Restaurant. 158 Zimmer.

Eurobuilding ✪✪✪ *Padre Damián 23, 28036 Madrid; Tel. 345-4500; Fax 457-9729.* Garten und Terrasse; Freiluftbad und Fitneßraum. 421 Zimmer.

Fontela ✪ *Gran Via 11, 28013 Madrid; Tel./Fax 521-6400.* Kein Restaurant. 66 Zimmer.

Madrid

Gran Hotel Conde Duque ✪✪ *Plaza Conde Valle de Suchil 5, 28015 Madrid, Tel. 447-7000; Fax 448-3569.* Zwei Restaurants, Garten. 142 Zimmer.

Holiday Inn ✪✪✪ *Plaza Carlos Triás Beltrán 4, 28020 Madrid; Tel. 456-8000; Fax 456-8001.* Freiluftbad. 313 Zimmer.

Hostal Auto ✪ *Paseo de la Chopera 71, 28045 Madrid; Tel. 539-6600; Fax 530-6703.* Restaurant. 110 Zimmer.

Hotel Apartamantos El Jardin ✪✪ *Carret. N1, 28050 Madrid; Tel. 302-8336; Fax 766-8691.* Freiluftbad. Garten. Hotel Tennisplätze. Kein Restaurant. 41 Zimmer.

Husa Princesa ✪✪✪ *Princesa 40, 28008 Madrid; Tel. 542-3500; Fax 542-3501.* 275 Zimmer.

Inglés ✪ *Echegaray 48, 28014 Madrid; Tel. 429-6551; Fax 420-2423.* Kein Restaurant. 58 Zimmer.

Italia ✪ *Gonzálo Jiménez de Quesada, 2-2° piso, 28004 Madrid; Tel. 522-4790; Fax 521-2891.* Kein Restaurant. 59 Zimmer.

Las Alondras ✪✪ *José Abascal 8, 28003 Madrid; Tel. 447-4000; Fax 593-8800.* Kein Restaurant, aber Imbisse erhältlich 72 Zimmer.

Liabeny ✪✪ *Salud 3, 28013 Madrid; Tel. 531-9000; Fax 532-7421.* 222 Zimmer.

Madrid ✪ *Carretas 10, 28012 Madrid; Tel. 521-6520; Fax 531-0858.* Kein Restaurant. 71 Zimmer.

Hotelempfehlungen

Mayorazgo ✪✪ *Flor Baja 3; 28013 Madrid; Tel. 547-2600; Fax 541-2485.* 200 Zimmer.

Meliá Castilla ✪✪✪ *Capitán Haya 43, 28020 Madrid; Tel. 571-2211; Fax 567-5051.* Freiluftbad. 153 Zimmer.

Meliá Madrid ✪✪✪ *Princesa 27, 28008 Madrid; Tel. 541-8200; Fax 541-1988.* 266 Zimmer.

Mercator ✪ *Atocha 123, 28012 Madrid; Tel. 429-0500; Fax 369-1252.* Kein Restaurant, aber Imbisse erhältlich. 89 Zimmer.

Miguel Angel ✪✪✪ *Miguel Angel 20-31, 28010 Madrid; Tel. 442-8199; Fax 442-5320.* Hallenbad. 278 Zimmer.

Mindanao ✪✪✪ *Paseo San Francisco de Sales 15, 28003 Madrid; Tel. 549-5500; Fax 544-5596.* Freiluft- und Hallenbad. 281 Zimmer.

Moderno ✪ *Arenal 2, 28013 Madrid, Tel. 531-0900; Fax 531-3550.* Kein Restaurant. 98 Zimmer.

Novotel Madrid ✪✪✪ *Albacete 1, 28027 Madrid; Tel. 405-4600; Fax 404-1105.* Essen im Freien. Freiluftbad. 236 Zimmer.

Palace ✪✪✪ *Plaza de las Cortes 7, 28014 Madrid; Tel. 429-1302; 360-8000; Fax 420-0056, 360-8100.* Rege Bar. 475 Zimmer.

París ✪ *Alcalá 2, 28014 Madrid; Tel. 521-6496; Fax 531-0188.* 114 Zimmer.

Persal ✪ *Plaza del Angel 12, 28012 Madrid; Tel. 369-4643; Fax 369-1952.* Kein Restaurant. 90 Zimmer.

Madrid

Pintor ✪✪ *Goya 79, 28001 Madrid; Tel. 435-7545; Fax 576-8157.* 176 Zimmer.

Plaza ✪✪✪ *Gran Via 88, 28013 Madrid; Tel. 547-1200; Fax 248-2389.* Ausblick. 306 Zimmer.

Praga ✪ *Antonio López 65, 28019 Madrid; Tel. 469-0600; Fax 469-8325.* Kein Restaurant, aber Imbisse erhältlich. 428 Zimmer.

Puerta de Toledo ✪ *Glorieta Puerta de Toledo 4, 28005 Madrid; Tel. 474-7100; Fax 474-0747.* Puerta de Toledo Restaurant. 152 Zimmer.

Ritz ✪✪✪ *Plaza de la Lealtad 5, 28014 Madrid; Tel. 521-2 57; Fax 532-8776.* Angenehmes Luxushotel. Essen im Freien. 158 Zimmer.

Santander ✪ *Echegaray 1, 28014 Madrid; Tel. 429-9551; Fax 369-1078.* Kein Restaurant, aber Zimmerservice auf Wunsch. 36 Zimmer.

Sanvy ✪✪✪ *Goya 3, 28001 Madrid; Tel. 576-0800; Fax 275-2443.* Freiluftbad. Sorolla Restaurant. 149 Zimmer.

Serrano ✪✪ *Marqués de Villamejor 8, 28006 Madrid.; Tel. 435-5200; Fax 435-4849.* Kein Restaurant. 34 Zimmer.

Suecia ✪✪✪ *Marqués de Casa Riera 4, 28014 Madrid; Tel. 531-69 00; Fax 521-71 41.* Bellman Restaurant. 128 Zimmer.

Tirol ✪ *Marqués de Urquijo 4, 28008 Madrid; Tel. 548-1900; Fax 541-3958.* Kein Restaurant, aber Zimmerservice auf Wunsch. 97 Zimmer.

Hotelempfehlungen

Tryp Capitol ✪✪ *Gran Via 41, 28013 Madrid; Tel. 521-8391; Fax 521-7729.* Kein Restaurant. 146 Zimmer.

Tryp Washington ✪✪ *Gran Via 72, 28013 Madrid; Tel. 541-72 27; Fax 547-5199.* 120 Zimmer.

Velázquez ✪✪ *Velázquez 62, 28001 Madrid; Tel. 575-2800; Fax 575-2809.* 130 Zimmer.

Villa Magna ✪✪✪ *Paseo de la Castellana 22, 28046 Madrid; Tel. 576-7500, 578-2000; Fax 575-9504, 575-3158.* Angenehmes Luxushotel mit Restaurant. 182 Zimmer.

Wellington ✪✪✪ *Velázquez 8, 28001 Madrid; Tel. 575-4400; Fax 576-4164.* Freiluftbad. El Fogón Restaurant. 273 Zimmer.

Zurbano ✪✪✪ *Zurbano 79, 28003 Madrid; Tel. 441-5500; Fax 441-3224.* Restaurant, Bars. 261 Zimmer.

UMGEBUNG VON MADRID

Tryp Monte Real ✪✪✪ *Arroyofresno 17 - Puerta de Hierro, 28035 Madrid; Tel. 316-2140; Fax 316-2140.* Ruhiges Hotel. Elegante Ausstattung. Essen im Freien. Hübscher Garten. Freiluftbad. 77 Zimmer.

Madrid

> ## Restaurantempfehlungen
>
> Bei den Restaurants beziehen sich unsere Kategorien auf ein Menü mit drei Gängen: Vor-, Haupt- und Nachspeise. Besonderheiten (wo vorhanden) sowie Ruhetage werden ebenfalls angeführt. Es ist ratsam, zuerst nachzufragen, ob ein Restaurant geöffnet ist, sowie im voraus zu bestellen. In Spanien ist Bedienung in Hotel- und Restaurantpreisen inbegriffen, und die Mehrwertsteuer (IVA) von 7% wird automatisch zur Rechnung hinzugefügt.
>
> | | |
> |---|---|
> | ✪ | unter 3000 ptas. |
> | ✪✪ | von 3000 ptas bis 6000 ptas. |
> | ✪✪✪ | über 6000 ptas. |

A'Casiña ✪✪ *Pabellón Pontevedra, Casa de Campo, 28040 Madrid; Tel. 526-3425.* Galizische Küche. Essen im Freien.

Ainhoa ✪✪ *Bárbara de Braganza 12, 28004 Madrid; Tel. 308-2726.* Baskische Küche. Sonntags und im August geschlossen.

Alkalde ✪✪ *Jorge Juan 1, 28001 Madrid; Tel. 435-1687.* In einem Weinkeller gelegen.

Antonio Sanchez ✪ *Mesón de Parades 13, 28010 Madrid; Tel. 538-7826.* Eine der besten Adressen für *tapas*.

Asador Guetaria ✪ *Comandante Zorita 8; Fuencarral 138; 28010 Madrid; Tel. 445-5767.* Ländlich baskisches Dekor. Baskische Küche.

Bajamar ✪✪ *Gran Via 78, 28013 Madrid; Tel. 559-5903.* Fisch und Schalentiere.

Restaurantempfehlungen

Bar del Teatro ✪✪ *Prim 5, 28004 Madrid; Tel. 531-1797.* In einem Weinkeller gelegen.

Bogavante ✪✪✪ *Capitán Haya 20, 28020 Madrid; Tel. 556-2114.* Fisch und Schalentiere.

Botín ✪ *Cuchilleros 17, 28005 Madrid; Tel. 366-4217.* Typischer Weinkeller im Stil Alt-Madrids.

Cabo Mayor ✪✪✪ *Juan Hurtado de Mendoza 11, 28036 Madrid, Tel. 350-8776.* Besonders gute Küche. Originelle Ausstattung.

Café de Oriente ✪✪ *Plaza de Oriente 2, 28013 Madrid; Tel. 541-3974; Fax 547-7707.* Baskisch-französische Küche.

Café Viena ✪✪ *Luisa Fernanda 23, 28008 Madrid; Tel. 541-6979.* Mahlzeiten am Abend mit Klavierbegleitung. Café im alten Stil. Samstagmittags, sonntags und im August geschlossen.

Casa Domingo ✪ *Alcalá 99, 28009 Madrid; Tel. 431-1895.* Essen im Freien.

Casa Félix ✪ *Bréton de los Herreros 39, 28003 Madrid; Tel. 441-9151*

Casa Lucio ✪ *Cava Baja 35, 28005 Madrid; Tel. 365-3252.* Kastilisches Dekor. Samstagmittags und im August geschlossen.

Casa Gallega ✪✪ *Plaza de San Miguel 8, 28005 Madrid; Tel. 547-3055.* Galizische Küche.

Club 31 ✪✪✪ *Alcalá 58, 28014 Madrid; Tel. 532-0511.* Im August geschlossen.

Combarro ✪✪ *Reina Mercedes 12, 28020 Madrid; Tel. 554-7784.* Galizische Küche. Sonntagabends und im August geschlossen.

Madrid

Currito ✪✪ *Casa de Campo, Pabellón de Vizcaya, 28011 Madrid; Tel. 464-5704.* Baskische Küche. Essen im Freien.

Don Victor ✪✪✪ *Emilio Vargas 18, 28043 Madrid; Tel. 556-2114.* Essen im Freien. Samstagmittags, sonntags und im August geschlossen.

El Amparo ✪✪✪ *Callejón de Puigcerdá 8, 28001 Madrid; Tel.431-6456.* Ausgezeichnete baskisch-französische Küche. Samstagmittags, sonntags, während der Karwoche und im August geschlossen.

El Asador de Aranda ✪ *Preciados 44, 28013 Madrid; Tel. 547-2156.* Gebratenes Lamm ist hier die Spezialität. Kastilisches Dekor. Montagabends und im August geschlossen.

El Bodegón ✪✪✪ *Pinar 15, 28006 Madrid; Tel. 562-8844.* Samstagmittags, sonntags, an Feiertagen und im August geschlossen.

El Cenador del Prado ✪✪✪ *Prado 4, 28014 Madrid; Tel. 429-1561.* Besonders gute Küche. Angenehmes Restaurant. Sonntags und teilweise im August geschlossen.

El Espejo ✪✪ *Paseo de Recoletos 31, 28004 Madrid; Tel. 308-2347.* Stil eines alten Pariser Cafés. Samstagmittags geschlossen.

El Fogón ✪✪ *Villanueva 34, 28001 Madrid; Tel. 575-4400, Fax 276-4164.* Ländlicher spanischer Stil.

El Landó ✪✪ *Plaza Gabriel Miró 8, 28005 Madrid; Tel. 366-7681.* Elegante Ausstattung. Sonntags, an Feiertagen und im August geschlossen.

El Olivo ✪✪✪ *General Gallegos 1, (Kreuzung J. Ramón Jiminez 37), 28036 Madrid; Tel. 359-1535.* Hervorragende mediterrane Küche. Sonntags, montags und im August geschlossen.

Restaurantempfehlungen

El Pescador ✪✪ *José Ortega y Gasset 75, 28006 Madrid; Tel. 402-1290.* Besonders gute Küche, vor allem Fisch und Schalentiere. Sonntagsmittags und im August geschlossen.

Errota-zar ✪✪ *Jovellanos 3-1° piso, 28014 Madrid; Tel. 531-2564.* Baskische Küche. Sonntags in der Karwoche und im August geschlossen.

Guipúzcoa ✪✪ *Casa de Campo, 28011 Madrid; Tel. 470-0424.* Baskische Küche. Essen im Freien.

Gure-Etxea ✪✪ *Plaza de la Paja 12, 28005 Madrid; Tel. 365-6149.* Besonders gute baskische Küche. Sonntags, montagmittags, während der Karwoche und im August geschlossen.

Jai-Alai ✪ *Balbina Valverde 2, 28002 Madrid; Tel. 561-2742.* Baskische Küche. Essen im Freien. Montags und von Mitte August bis Anfang September geschlossen.

Jockey ✪✪✪ *Amador de los Rios 6, 28010 Madrid; Tel. 548-5718.* Sehr gute Küche. Elegante Ausstattung. Samstagsmittags, sonntags, an Feiertagen und im August geschlossen.

José Luis ✪✪ *Rafael Salgado 11; 28036 Madrid; Tel. 457-5036, Fax 250-9911.* Sonntags und im August geschlossen.

Korinto ✪✪ *Preciados 36, 28013 Madrid; Tel. 521-5965.* Fisch und Schalentiere.

Kulixka ✪✪ *Santa Engracia 173, Tel. 533-1942.* Fisch und Schalentiere.

La Castafiore ✪✪✪ *Barquilla 30, 28013 Madrid; Tel. 532-2100.* Beliebtes neues Restaurant mit guter, traditioneller Küche und Kellnern, die nach 21.30 Uhr Opernarien singen.

Madrid

La Fragata ✪✪✪ *Capitán Haya 45, 28020 Madrid; Tel. 567-5196.* Abendessen mit Musik.

La Fonda ✪ *Lagasca 11, 28001 Madrid; Tel. 577-7924.* Katalanische Küche.

La Playa ✪✪ *Magallanes 24, 28010 Madrid; Tel. 446-8476.* Familienbetriebenes Restaurant. Fein zubereitete spanische Spezialitäten.

La Toja ✪✪ *Mayor 35; 28013 Madrid; Tel. 366-4664.* Galizische Küche. Im Juli geschlossen.

La Trainera ✪✪ *Lagasca 60, 28001 Madrid; Tel. 576-8035.* Sehr gute Küche. Fisch und Schalentiere. Sonntags und im August geschlossen.

Las Cuatro Estaciones ✪✪✪ *General Ibañez Ibero 5, 28003 Madrid; Tel. 553-6305; Fax 253-3298.* Besonders gute Küche. Moderne Ausstattung. Samstagmittags, sonntags, an Feiertagen und im August geschlossen.

Las Cuevas de Luis Candelas ✪✪ *Arco de Cuchilleros 1, 28005 Madrid; Tel. 366-5428.* Dekor Alt-Madrid. Kellner als Banditen verkleidet.

Las Cumbres ✪ *Alberto Alocer 32, 28036 Madrid; Tel. 458-7692.* Andalusische Taverne.

Las Reses ✪✪ *Orfila 3, 28010 Madrid; Tel. 308-0382.* Fleischspezialitäten. Sonntags, an Feiertagen und im August geschlossen.

La Plaza de Chamberí ✪ *Plaza de Chamberí 10, 28010 Madrid, Tel. 446-0697.* Essen im Freien. Sonntags und in der Karwoche geschlossen.

Restaurantempfehlungen

Lhardy ✪✪✪ *Carrera de San Jerónimo 8, 28013 Madrid; Tel. 521-3385.* Küche mit französischem Einschlag in einem historischen Gebäude von 1839.

Los Borrachos de Velázquez ✪✪ *Principe de Vergara 205, 28002 Madrid; Tel. 458-1076.* Andalusisches Restaurant. Sonntags geschlossen.

Los Galayos ✪ *Botoneras 5, 28012 Madrid; Tel. 366-3028.* Essen im Freien.

Lucca ✪ *José Ortega y Gasset 29, 28006 Madrid; Tel. 576-0144.* Modernes Dekor.

Lúculo ✪✪✪ *Génova 19, 28004 Madrid; Tel. 308-4641.* Besonders gute Küche. Samstagmittags, sonntags, an Feiertagen und von Mitte August bis Mitte September geschlossen.

Lur Maitea ✪✪ *Fernando el Santo 4, 28010 Madrid; Tel. 308-0393.* Baskische Küche. Samstagmittags, an Feiertagen und im August geschlossen.

Mesón Auto ✪ *Paseo de la Chopera 71, 28045 Madrid; Tel. 539-6600; Fax 530-6703.* Ländliches Dekor.

Mesón El Caserio ✪✪ *Capitán Haya 49, 28020 Madrid; Tel. 570-9629.* Ländliches Dekor. Essen im Freien.

Moaña ✪✪ *Hileras 4, 28013 Madrid; Tel. 548-2914.* Galizische Küche. Sonntags, abends an Feiertagen und im August geschlossen.

O'Pazo ✪✪ *Reina Mercedes 20, 28020 Madrid. Tel. 534-3748.* Fisch und Schalentiere. Sonntags, während der Karwoche und im August geschlossen.

Madrid

O'Xeito ✪ *Paseo de la Castellana 49, 28046 Madrid; Tel. 308-2383.* Galizisches Dekor. Fisch und Schalentiere. Samstagmittags, sonntagsabends und im August geschlossen.

Paolo ✪ *General Rodrigo 3, 28003 Madrid; Tel. 554-4428.* Sonntags und im August geschlossen.

Ponteareas ✪✪ *Claudio Coello 96, 28006 Madrid; Tel. 575-5873.* Galizische Küche. Im Juli, sonntags und an Feiertagen geschlossen.

Posada de la Villa ✪✪ *Cava Baja 9, 28005 Madrid; Tel. 366-1860.* Alter Gasthof im kastilischen Stil. Sonntagabends und im August geschlossen.

Príncipe de Viana ✪✪✪ *Dr. Fleming 7, 28036 Madrid; Tel.457 15 49; Fax 259 53 92.* Sehr gute baskische Küche. Samstagmittags, sonntags, an Feiertagen und im August geschlossen.

Rafa ✪✪ *Narváez 68, 28009 Madrid; Tel. 573-1087, 573-8298.* Essen im Freien.

Ribeira do Miño ✪✪ *Santa Brigadal, 28012 Madrid; Tel. 521-9854.* Sehr günstige galizische Fischspezialitäten. Keine Kreditkarten.

Sacha ✪✪ *Juan Hurtado de Mendoza 11, 28036 Madrid; Tel. 345-5952.* Essen im Freien. Sonntags und im August geschlossen.

Salvador ✪ *Barbieri 12, 28004 Madrid; Tel. 521-4524.* Mit Gemälden und Photographien aus der Welt des Stierkampfs. Sonntags und Mitte Juli bis Anfang September geschlossen.

Schwarzwald (Selva Negra) ✪✪ *O'Donnell 46, 28009 Madrid; Tel. 409-5613.* Originelles Dekor.

Restaurantempfehlungen

Señorío de Bertiz ✪✪✪ *Comandante Zorita 4, 28020 Madrid; Tel.Tel. 533-2757.* Besonders gute Küche. Samstagmittags, sonntags, an Feiertagen und im August geschlossen.

Sixto ✪ *Cervantes 28, 28014 Madrid; Tel. 402-1583.* Essen im Freien. Sonntagabends geschlossen.

Sixto Gran Mesón ✪ *Cervantes 28, 28014 Madrid; Tel. 429-2255.* Kastilisches Dekor. Sonntagabends geschlossen.

St.-James ✪✪ *Juan Bravo 26, 28006 Madrid; Tel. 575-6010.* Essen im Freien. Sonntags geschlossen.

Taberna del Alabardero ✪ *Felipe V-6, 28013 Madrid; Tel. 247-2577.* Typische Taverne.

Taberna Carmencita ✪ *Libertad 16, 28004 Madrid; Tel. 531-6612.* Typische Taverne. Sonntags geschlossen.

Vegamar ✪✪ *Serrano Jover 6, 28015 Madrid; Tel. 542-7332.* Fisch und Schalentiere. Sonntags und im August geschlossen.

Villa y Corte de Madrid ✪✪ *Serrano 110, 28006 Madrid; Tel. 564-5019.* Elegantes Dekor. Sonntags im Sommer und im August geschlossen.

Viridiana ✪✪ *Juan de Meña 14, 28014 Madrid; Tel. 523-4478.* Besonders gute Küche. Sonntags und im August geschlossen.

Zalacaín ✪✪✪ *Alvarez de Baena 4, 28006 Madrid; Tel. 561-5935.* Erstklassige Küche. Elegante Ausstattung. Krawattenzwang. Samstagmittags, in der Karwoche und im August geschlossen.

ÜBER BERLITZ

Im Jahre 1878 revolutionierte Maximilian D. Berlitz den Sprachunterricht: Ohne zu übersetzen in der neuen Sprache denken und natürlich sprechen lernen. Seitdem kann Sprachenlernen Spaß machen und gleich-zeitig zum Erfolg führen. In 120 Jahren hat dieses moderne Prinzip über 30 Millionen Menschen den Zugang zu anderen Sprachen erleichtert.

In den über 350 Berlitz Sprachcentern weltweit finden Sie heute neben Sprachtraining auch Übersetzungs- und Dolmetscherdienste, interkuturelles Training, Sprachreisen, Bücher und Sprachkassetten. Video und PC-Programme unterstützen Ihren Lernfortschritt.

Für nähere Informationen kontaktieren Sie einfach das Berlitz Center in Ihrer Nähe oder besuchen Sie uns im Internet unter http://www.berlitz.com

Helping the World Communicate